CHAIN

REACTION

CÓMO DESPERTAR EL PODER DE
LAS PERSONAS Y DE LAS ORGANIZACIONES

© 2023

REACCIÓN EN CADENA **(Julio Zelaya)**
UN VIAJE HACIA LA EXCELENCIA EN EL LIDERAZGO EMPRESARIAL **(Roger Ortíz)**
TRANSFORMACIÓN DIGITAL, CÓMO ADAPTAR ESTRATÉGICAMENTE NUESTROS MODELOS DE NEGOCIO **(Jorge Fantín)**
DIRECCIÓN ESTRATÉGICA **(Marta Aracelis Acosta Cárdenas)**
BUENAS PRÁCTICAS PARA GESTIONAR EQUIPOS DE TRABAJO EN ENTORNOS HÍBRIDOS **(Pablo González)**
MICRO, PEQUEÑAS Y MEDIANAS EMPRESAS, MOTORES ECONÓMICOS, CÓMO MEJORAR SU PRODUCTIVIDAD, RENTABILIDAD Y SOSTENIBILIDAD **(Edgar Delgado)**
EMPRESAS Y TALENTO DEL FUTURO **(Julio Zelaya)**
¿CÓMO ENFOCAR MIS ESFUERZOS DE MERCADEO PARA HACERLOS MÁS RENTABLES? **(José Ignacio Juárez Barillas)**
LO QUE LA GERENCIA DEBE SABER DEL MARKETING EN LAS REDES SOCIALES **(Katherine Manzur)**
EL ARTE DE GESTIONAR PROYECTOS DESAFIANTES **(Gerardo Mendoza)**
TENDENCIAS EN LA GESTIÓN DE LA CADENA DE SUMINISTROS **(Anie Silvie Álvarez)**
LIDERAZGO, TALENTO Y GESTIÓN DE EQUIPOS **(Jazmin Aurora Mota Vargas)**
GESTIÓN DEL BIENESTAR ORGANIZACIONAL **(Carlos de Santiago)**
LA AUTOCONSCIENCIA, TU MEJOR ALIADA PARA COMBATIR EL ESTRÉS **(Liliana Torres)**
¿CÓMO ESTABLECER EL NETWORKING QUE NECESITO PARA MI EMPRESA? **(Julio Lemus)**
LAS FINANZAS COMO EJE CENTRAL DEL NEGOCIO **(Sergio Paiz)**
INCREMENTA EL RENDIMIENTO FINANCIERO DE TU EMPRESA ¡YA! **(Sergio Paiz)**
¿CÓMO INNOVAR A TRAVÉS DE EXPERIMENTOS EN LA ERA DIGITAL? **(Juan José de Dios)**
¿CÓMO REACCIONAR Y APROVECHAR LA ACELERACIÓN DIGITAL? **(Juan José de Dios)**
SALIR DE LA CAVERNA ES PELIGROSO **(Julio Zelaya)**
DESCUBRE TU IKIGAI, IMPACTA CON TU PROPÓSITO **(Julio Zelaya)**

ISBN
9798388824349

Michelle Juárez
Edición

YCREA
Diseño y diagramación

ÍNDICE

CHAIN REACTION BOOK

"Si viajaras en el tiempo y te encontraras con tu "joven yo" de treinta años, ¿qué te dirías?", es la pregunta que suelo hacer a personas que ya han superado sus setenta y cinco años de vida. He recibido infinidad de respuestas, pero dos son recurrentes:

Con el tiempo, todos los problemas se vuelven más sencillos, nos volvemos más sabios y escogemos mejor nuestras batallas.

No te quedes con la duda sobre el resultado de algo que sueñas hacer.

Para el cumpleaños número ochenta y cuatro de mi abuelo Gabriel, luego del almuerzo, salimos al jardín a disfrutar del cálido ambiente de mediados de junio para filosofar a gusto sobre la vida. En ese momento, ninguno de los dos sabía que sería nuestra última conversación. Allí, rodeados de aromáticos naranjos, le pregunté sobre el consejo para su "yo" más joven. Categórica y contundentemente me dijo:

 Te vas a arrepentir de las cosas que no hiciste más de aquellas que sí hiciste. Por eso, nunca te quedes con la duda sobre el resultado de algo. **¡Hazlo!**

 La vida no es tan complicada, es uno quien se la complica con sus decisiones.

 Lo que hoy te preocupa no te preocupará dentro de un tiempo. Todo se reduce a perspectiva.

 Por último, me señaló uno de los bonsáis que cultivaba y me explicó: "**Decide si quieres ser una ceiba o un bonsái.** El bonsái es hermoso, pero solo sirve como decoración. Se siembra en una maceta pequeña donde sus raíces y ramas se cortan para mantenerlas pequeñas. La ceiba es todo lo contrario. Su enorme tronco, profundas y extensas raíces, además de sus frondosas ramas son el hogar de muchos ecosistemas. Sobrevive a tormentas y sequías. Es imponente y majestuosa con un propósito: resguardar a muchas especies."

En ese momento, estaba pasando por una temporada difícil y los sabios consejos de mi abuelo me inyectaron nueva energía. Como meticuloso coleccionista de consejos y herramientas de crecimiento personal y empresarial, soy obsesivo en buscar la forma de aprender de los mejores, de quienes ya ganaron la batalla que yo enfrento y pueden guiarme hacia el éxito. Considero que esa es una inteligente estrategia para alcanzar el éxito. Mi abuelo fue uno de esos mentores que despiertan una poderosa reacción en cadena para impactar positivamente al mundo.

Ahora, mientras escribo estas líneas, me gustaría decirle a mi abuelo que esas cuatro máximas fueron la semilla para una ceiba. Él encendió una chispa con efecto exponencial en mi vida. Fue un catalizador, el acelerador de un proceso que daría múltiples frutos, ya que, a partir de ese momento, mi vida y mis decisiones cambiaron.

No me quedo con la duda sobre el efecto que tendrá implementar una idea. Si me equivoco, aprendo de mi error. Suelo escoger mejor mis batallas para no desperdiciar mis energías y constantemente busco soluciones exponenciales para simplificar procesos. Decidí ser una ceiba que tuviera un impacto exponencial.

Unos pocos minutos con un sabio mentor experimentado fueron suficientes para ahorrarme años de esfuerzo desenfocado, muchas lágrimas y sin sabores. Por eso amo las herramientas prácticas. Por eso amo el aprendizaje con mentores más que con catedráticos. Destilar una esencia de sabiduría que tomó ochenta y cuatro años de condensación a través de vivencias únicas fue la herramienta que mi abuelo me regaló ese día.

Tienes en tus manos un compendio de ideas, estrategias y herramientas prácticas que esperamos sean la chispa de tu despertar para que inicies tu propia reacción en cadena en los negocios.

Todos podemos despertar con la luz de una idea, un principio, una enseñanza. Además, cada uno tiene el potencial para mover esa primera pieza que genere un efecto en cadena de mejora y crecimiento exponencial, por eso el nombre Bright Domino traduce a la perfección nuestra esencia y propósito con universidad corporativa que despierta el poder de las personas y de las organizaciones.

¡Despierta a tu propósito personal y empresarial! Aquí te compartimos estrategias que son resultado de destilar cuidadosamente principios y herramientas de la primera cohorte de nuestro Master of Business Management -MBM-, un grupo de visionarios empresarios que a partir de su graduación se convierten en mentores, en ceibas que buscan impactar positivamente.

Sabemos que en cada página encontrarás inspiración para ser agente de cambio que lleva luz y que inicia una poderosa reacción en cadena en su ecosistema personal y empresarial.

¡Seamos ceibas que lleven vida a nuestros países y al mundo!

Con aprecio y agradecimiento,

JULIO ZELAYA
Presidente y cofundador
Bright Domino
www.brightdomino.com

Hola, soy tu amigo Roger Ortiz, integrante de la gran tribu Bright Domino. Te invito a que me acompañes en un viaje que te brindará herramientas para aplicar de inmediato en tu negocio y/o emprendimiento.

Lo primero es presentarme para que nos conozcamos un poco más. Mi pilar más fuerte es Dios y mi familia, ellos son la razón por la que todos los días hago lo que me apasiona que es SERVIR.

Ahora sí, **¡es hora de iniciar nuestro viaje!** Alguna vez te has preguntado: "¿Cómo puedo ser un mejor líder?" Yo me he hecho esta pregunta muchas veces y en el Master of Business Management, de Bright Domino, logré articular tres grandes temas:

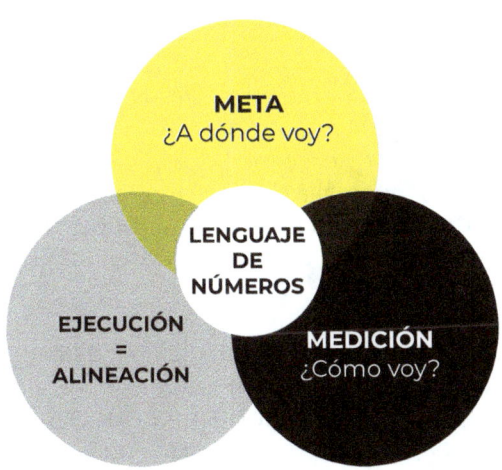

Seguramente, estás preguntándote: "Roger, ¿qué tiene que ver todo esto con ser un mejor líder?" Déjame contarte que hay una estrecha relación y ahora te explicaré los detalles.

Primera parada: META

Como líderes, no podemos dirigir a nuestros equipos si no sabemos a dónde vamos. Pareciera sencillo establecer y enunciar una meta, es decir, el rumbo de nuestra empresa o emprendimiento, pero en realidad es de las cosas más difíciles que hay. Con el acompañamiento de nuestro mentor Jorge Fantin, quien nos impartió el módulo de

Dirección Estratégica, finalmente desarrollé una planeación estratégica gracias a la comprensible estructura que aprendí:

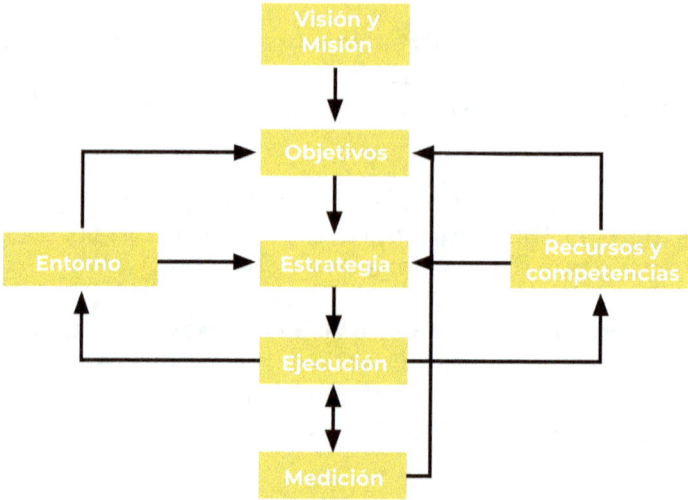

Visión y misión son dos conceptos vitales para iniciar cualquier emprendimiento o proyecto. Cuando tienes bien definido el rumbo, es difícil que te pierdas, y que, como líder, pierdas a tu equipo. Un líder debe anticiparse y ver más allá, por lo que la visión y la misión serán siempre un faro que iluminará la razón de por qué haces lo que haces. Entonces, podrás revisar que todas tus metas estén alineadas con la esencia de tu visión y misión.

En mi caso, durante el 2022 surgió la necesidad de duplicar la fuerza laboral de la empresa donde trabajo para alcanzar las metas del siguiente año. La labor es titánica ya que no es fácil encontrar colaboradores con el perfil correcto, y aún más difícil es tener listos a los futuros líderes de esta nueva estructura.

Recordar por qué hacemos lo que hacemos en la empresa, por qué servimos con pasión, me ayudó a establecer un plan de trabajo que integró a las áreas de la compañía, de manera que los nuevos colaboradores y líderes estuvieran listos en la fecha establecida.

Segunda parada: MEDICIÓN

Qué frustrante es trabajar y trabajar, pero realmente no saber si nos estamos acercando o alejando de la meta. ¿Te ha sucedido? ¡A mí sí! Como líderes, todos buscamos saber si estamos haciendo lo correcto, en el lugar y en el tiempo correcto. Nuestro mentor Juan José de Dios, en el módulo de Transformación Digital, nos recordó la importancia de abrir las puertas al mundo digital de modo que la data sea la mejor aliada de nuestras empresas y emprendimientos. Con ella es posible medir nuestro impacto, además de elevar nuestro servicio al nivel de exigencia de los consumidores de hoy.

Uso de datos en mi organización / emprendimiento

Principales fuentes de datos	Estrategia para traer más clientes	Estrategia para mejorar la experiencia	Estrategia para mejorar mi operación

Debemos conocer cuáles son esas fuentes de datos que luego convertiremos en información para la toma de decisiones. Ya con esa información, es posible encontrar estrategias para tres grandes pilares:

1

Estrategias para traer más clientes. Katherine Manzur, nuestra mentora del módulo de dirección de marketing y ventas, nos mostró lo relevante que es el diseñar el Journey Map de nuestros arquetipos.

2

Estrategias para mejorar la experiencia. No solo debemos apoyarnos en los elementos a mejorar que encontramos en el Journey Map sino también podemos utilizar otra herramienta vista en el módulo de Liderazgo, Talento y Gestión de equipos, con nuestro mentor Carlos de Santiago. Este módulo te desafía para encontrar esas áreas de oportunidad para ser cada día un mejor líder y tener las herramientas necesarias para el éxito. En este módulo descubrimos que la experiencia del cliente es tan importante como la experiencia de los colaboradores. Así que debemos implementar herramientas de Employee Experience (EX) para gestionar con empatía y eficiencia al talento humano de nuestra organización.

3

Estrategia para mejorar la operación. ¡Ahora sí! con todos estos insights es posible diseñar una estrategia ganadora para nuestra operación.

De vuelta a mi experiencia personal y al reto de contratación de personal, pude hacer frente a la situación. Con la claridad en que el crecimiento de la fuerza laboral debía lograrse en tiempo récord (ochenta personas contratadas y capacitadas en tres meses), solicitamos extraer data del proceso de selección y contratación del último año, además de información sobre el desempeño de estas personas. Así logramos perfilar mejor los puestos para hacer campañas segmentadas en búsqueda de nuevos prospectos.

Adicionalmente, la pandemia nos enseñó a aprovechar las herramientas digitales para hacer las entrevistas y documentar los avances de cada prospecto a lo largo del proceso de selección. Mejoramos dos puntos del proceso:

1. horarios de entrevistas
2. segmentación de currículum vitae.

Al cambiar estas dos etapas, mejoramos el ratio de contratación de un 10% a un 30%, lo que nos permitió acelerar las contrataciones y lograr el objetivo. El éxito fue gracias al trabajo en equipo de varias áreas de la compañía.

Tercera parada: EJECUCIÓN=ALINEACIÓN

Llegamos a la última parada que nos permitiría enlazar toda la experiencia. Para cerrar este viaje, nuestro mentor Sergio Paiz cambió muchas percepciones del mundo financiero al volver simple lo complejo en el módulo de Dirección Financiera. Este módulo me permitió integrar los aprendizajes en tres reportes vitales que todo líder debe dominar:

3 Estados financieros		
Estado de resultados	Balance	Flujo
Cuánto gano	Qué tengo	Cuánto efectivo generé

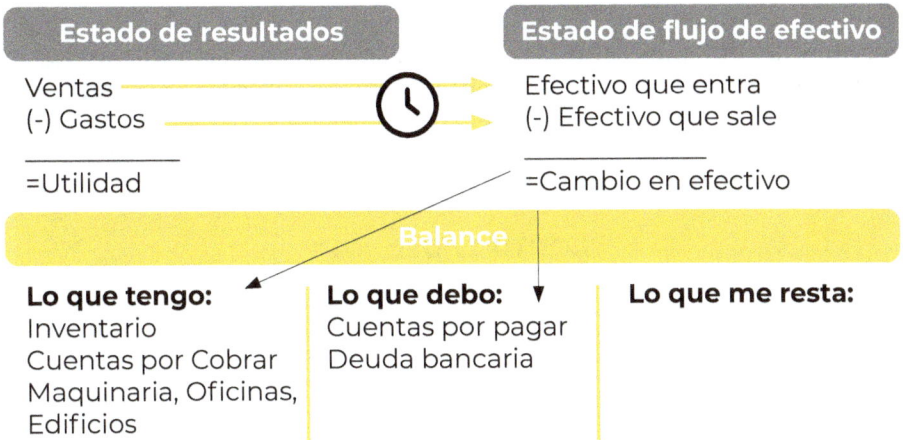

Estado de resultados	Estado de flujo de efectivo
Ventas	Efectivo que entra
(-) Gastos	(-) Efectivo que sale
=Utilidad	=Cambio en efectivo

Balance

Lo que tengo:
Inventario
Cuentas por Cobrar
Maquinaria, Oficinas, Edificios

Lo que debo:
Cuentas por pagar
Deuda bancaria

Lo que me resta:

Soy financiero de profesión y he logrado aplicar mis conocimientos a lo largo de mi carrera, pero Sergio me recordó que los números son vitales para tomar decisiones. No importa qué idioma hables o en qué país vivas, los números son el lenguaje universal. Un líder que pueda anticiparse a situaciones tiene el poder de cambiar el rumbo y alinear a su equipo con metas claras que permitan una ejecución ágil, medible de acuerdo con indicadores objetivos que permitan el avance en el tiempo establecido.

Aplicando estos principios a la situación que enfrenté, por supuesto que fue necesario presentar números a los altos ejecutivos de la compañía para que nos aprobaran el plan de crecimiento que implicaba un costo alto.

Recuerdo muy bien que una de las decisiones era usar un outsourcing o contratar personal propio. ¡Qué pregunta tan difícil!, pensaron muchos, pero cuando has creado una cultura sólida y tu equipo la ha hecho propia, puedes estar tranquilo de que harás funcionar los engranajes y superarás cualquier reto. Fue necesario realizar algunas pruebas piloto para obtener datos de ambas gestiones que solo nos confirmaron lo que ya sabíamos: necesitábamos contratar personal propio y fue posible respaldar la conclusión con números.

Un par de meses después ya estábamos operando con la nueva estructura. La meta es que al final del 2023 debemos lograr un ROI del 50% y un valor presente neto de Q10 millones. ¡No tengo duda de que lo lograremos!

Amigos, ¡qué viaje tan poderoso! Es así como efectivamente he logrado fortalecer mi liderazgo. Me siento muy satisfecho de compartirte un poco de lo mucho que el MBM de Bright Domino me ha ayudado a crecer en mi vida profesional al brindarme muchas estrategias y herramientas prácticas que he podido aplicar inmediatamente.

Cierro con esta idea tan importante y valiosa para mí, ya que la formulé con mi hija de nueve años y ha sido muy poderosa en nuestra vida:

ACTITUD POSITIVA =
MUNDO DE OPORTUNIDADES.

Que Dios los bendiga y nunca dejen de nutrir su mente para ser cada vez más y mejores líderes.

ROGER
ORTÍZ

Más de quince años de experiencia en la industria de telecomunicaciones. Mi propuesta es aplicar nuestro liderazgo y experiencia para conformar equipos de trabajo de alto rendimiento que alcancen los objetivos de la compañía, generen valor y contribuyan con el desarrollo profesional de cada uno.

TRANSFORMACIÓN DIGITAL

Cómo adaptar estratégicamente nues'
modelos de negocio

Visualiza tu empresa desde
SUS COMPETENCIAS
(todo lo que saben hacer)
y no desde SUS PRODUCTOS
(lo que actualmente venden)

JORGE FANTIN
DIRECTOR ACADEMICO
BRIGHT DOMINO

**PERSPECTIVA
DE VALOR**

**OFERTA
DE VALOR**

Así, cuando ocurra una **disrupción tecnológica** y tu cliente cambie de perspectiva de valor, **tú podrás cambiar tu oferta de valor.**

Eso precisamente lo han hecho empresarios a lo largo de nuestra historia. Ellos no buscaban sobrevivir, sino que se enfocaron en **surfear la ola** para que los **impulsara más allá que sus competidores en el mismo segmento de mercado.**

Veamos nuestro modelo de negocio como un repositorio de competencias que podemos **REDIRECCIONAR** para neutralizar las amenazas y aprovechar las oportunidades que nos brindan las disrupciones tecnológicas.

Es tiempo de analizar
tu modelo de negocio

 Qué (tu propuesta de valor con más y mejores ventajas para tu cliente).

 Quién (ampliar tu segmento de acuerdo con productos y servicios que puedes ofrecer con las competencias que ya tienes y puedes ampliar).

 Cómo (analizar y reconfigurar tu proceso para ampliar tu networking y tu cuota de mercado).

LA CLAVE ES EVOLUCIONAR.
ANALIZAR Y APROVECHAR NUEVAS OPORTUNIDADES.

Una disrupción tecnológica no decreta la muerte de una empresa, **sino que la desafía para crecer.**

La gran pregunta
¿QUÉ PODEMOS OFRECER CON LO QUE SABEMOS HACER?
No revises tu portafolio de productos,
revisa tu portafolio de habilidades y competencias.

DIRECCIÓN ESTRATÉGICA

¿Podemos calcular el riesgo y reducir los daños en tiempos endémicos que inciden en nuestro emprendimiento o negocio?

Vivimos en una época crucial de cambios sustanciales. La pandemia por Covid-19 nos brindó trascendentales enseñanzas y nos "motivó" para retomar buenas prácticas quizás olvidadas. Ahora, según McKenna (2022), todos debemos decidir cuánta enfermedad y muerte podemos tolerar. Con las mutaciones del virus SARS-Cov-2, Omicron, Delta y sus subvariantes, es importante considerar el riesgo social. A pesar de que se ha progresado en la reducción del contagio, en cada país hay población que no ha completado o iniciado el esquema de vacunación, por lo que está latente el riesgo de contagios.

Por lo tanto, las empresas continúan lidiando con la incertidumbre en medio de este entorno cambiante. ¿Qué debemos hacer? Se requiere tomar en consideración el análisis de los factores externos que inciden en la organización:

· políticos
· económicos
· sociales
· tecnológicos
· ambientales
· legales.

Específicamente en la planeación estratégica, el equipo gerencial debe tomar en cuenta la variable ambiental externa que representa la pandemia. Por supuesto que es inevitable, de hecho, es una realidad de la que es imposible apartarnos, pero a veces no es tan clara la dirección estratégica a seguir.

A medida que se avanza en la vacunación, se han relajado las medidas de bioseguridad; las personas saben qué hacer si resultan contagiadas y ya no existe la paranoia que generaba el desconocimiento que nos angustiaba en el 2020. Sabemos que COVID-19 vino para quedarse y estamos aprendiendo a convivir con él. La curva de aprendizaje se ha aplanado y ahora se percibe como una variable más a tener en cuenta dentro de la estrategia corporativa.

COVID-19 ha determinado en gran medida nuestro comportamiento en todos los aspectos de la vida: económicos, sociales, tecnológicos y legales. De acuerdo con los datos al alcance, 69.5% de la población

mundial está vacunada con al menos una dosis, por lo que estamos a muy poco de lograr la inmunidad de rebaño cuando el 70% de la población esté vacunada. Este esquema de vacunación es más amplio en América Latina, ya que incluye al 86% de la población.

La meta de llegar al 70% de la población vacunada en 2022

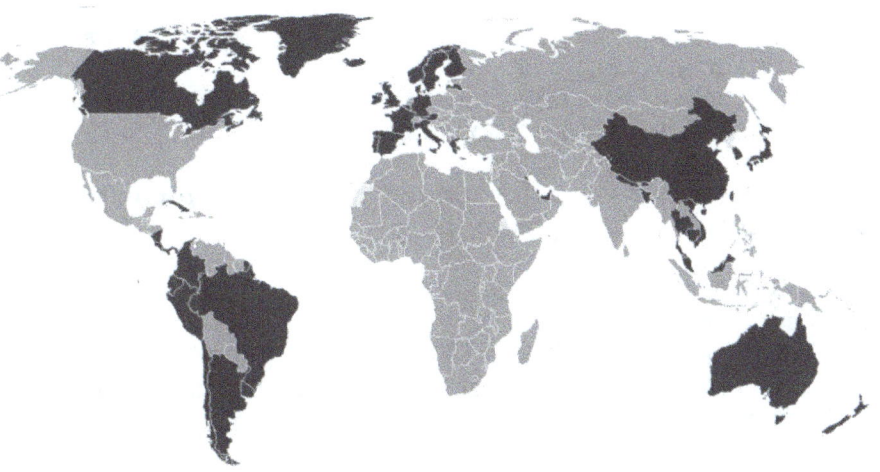

● Ya se ha alcanzado el 70%
○ Lejos de alcanzar el 70%

Figura 1. Proyección lineal de la media diaria de personas que reciben la segunda dosis, respecto a los últimos 14 días.
Fuente: WWID/ https://www.rtve.es/noticias/20221103/vacuna-coronavirus-mundo/2073422.shtml

Frente a este panorama, es necesario y pertinente ser previsores. No podemos bajar la guardia, no porque consideremos que COVID-19 será de nuevo una amenaza mortal, no porque seamos incapaces de superar el temor frente a lo desconocido, sino porque hemos aprendido a ver la contingencia de frente y buscar soluciones, hemos aprendido que "los nunca..." sí llegan sorpresivamente y que afectan a todo el planeta. Entonces, los planes de respaldo ya son parte de nuestra planeación estratégica, las medidas de bioseguridad y los procesos de emergencia para cada sector de la organización ya están más que incluidos para garantizar la estabilidad de la gestión.

Kaufman (2016) indica que los esfuerzos de desarrollo del talento humano se orientan hacia las personas y al desempeño en sus áreas laborales, para que todos colaboren específicamente con la misión, la visión y los fines de la organización.

Para mantener al talento humano alineado con el propósito de la organización es necesario proveer las herramientas para resguardar su salud, en función de los cuidados relacionados con la prevención y mitigación de la Covid-19. La Organización Internacional del Trabajo (2020), ha indicado algunas recomendaciones importantes:

1. Ofrecer información actualizada.
2. Integrar un plan de preparación de evaluación de riesgos.
3. Organizar el trabajo.
4. Promover la cultura de limpieza regular.
5. Proteger y apoyar a los trabajadores.

Aplicar las medidas de bioseguridad incide en la productividad de la organización en los siguientes aspectos:

- Se disminuye en gran medida la pérdida de producción por ausentismo.
- Se aumenta la motivación y autoestima para cumplir con los compromisos laborales, al tiempo que se provee sustento y bienestar familiar, lo cual también incide en la producción.
- Se disminuyen los costos relacionados con la capacitación de personal que debe fungir como reemplazo.
- Se disminuyen las situaciones relacionadas con pagos derivados de procedimientos legales vinculados con casos por enfermedad.

Schoemaker (1995) señala que entre las herramientas que un gerente puede utilizar para la planificación estratégica se encuentra la planificación de escenarios. Dicha herramienta es útil para capturar y plasmar un abanico de posibilidades enfocándose en los detalles específicos que inducen a identificar las tendencias e incertidumbres básicas. De esta forma, el gerente puede construir escenarios realistas que eviten la toma de decisiones derivadas del exceso de confianza y la visión de túnel.

Así que toda institución debe analizar los escenarios ya vividos, recrearlos y mejorar su abordaje para favorecer la toma de decisiones. Nuestra responsabilidad es figurar circunstancias particulares para que sea posible diagnosticar, preveer, prevenir y redireccionar, con el objetivo de que la organización avance en su visión, logre su misión, de acuerdo con sus valores integrados en su cultura organizacional.

¿Qué escenarios debes analizar y preveer ahora? ¿Cuáles son las posibles contigencias que debes considerar? Quizá sea el momento de considerar en tu planeación estratégica factores como la tendencia

cada vez más exigente de convertirnos en empresas ambiental y socialmente responsables, enfocadas en lograr la sostenibilidad y sustentabilidad. Porque efectivamente es posible calcular el riesgo y reducir los daños en tiempos endémicos que inciden en nuestro emprendimiento o negocio.

MARTA ARACELIS
ACOSTA CÁRDENAS

Enfermera panameña desde 1993. Especializada en Cuidado Crítico del Adulto, además de docente con una Maestría en Administración y Dirección de RRHH. Mi propósito es colaborar con poblaciones originarias en cuidado cultural de salud con aportes en investigación, salud y medioambiente.

BUENAS PRÁCTICAS PARA GESTIONAR
EQUIPOS DE TRABAJO
EN ENTORNOS HÍBRIDOS

La estrategia 0.1 es fortalecer tus competencias como líder que propone iniciativas de trabajo en equipo considerando la diversidad, equidad e inclusión.

PABLO GONZÁLEZ
Experto Bright Domino

A estas alturas de siglo XXI, la constante en la ecuación empresarial **es el elemento humano.** Dentro de poco, podría ser que alguno de los integrantes de tu equipo ni siquiera se encuentre en **EL MISMO PLANETA QUE TÚ.**

Tenemos que inventar, por lo tanto **tendremos que experimentar.**

Jeff Bezos

BLUE ORIGIN

Somos líderes de personas, no de oficinas.
Migremos del diseño del trabajo centrado en la ubicación al diseño centrado en el talento humano.

¿CÓMO SER UN LÍDER QUE GESTIONA
EXITOSAMENTE EQUIPOS
EN ENTORNOS HÍBRIDOS?

Confía.
La confianza aumenta la velocidad de ejecución.

Escucha.
Donde estén, el interés y la empatía se percibe.

Empodera.
Migrar de colaboradores a cocreadores y conductores del proceso.

Genera flexibilidad.
Remoto o presencial el desempeño por resultados manda.

Brinda claridad y coherencia.
Muestra lo que está sucediendo para lograr acuerdos.

Reinventemos el futuro del trabajo fortaleciendo actitudes, conocimientos y habilidades. La tecnología y la comunicación asertiva son nuestras herramientas **para lograr resultados astrales.**

La gran pregunta
¿DE QUÉ FORMA LOGRO SINERGIA?
No te enfoques en DÓNDE, enfócate en con QUIÉN y alcanzarás un propósito compartido.

MICRO, PEQUEÑAS Y MEDIANAS EMPRESAS, MOTORES ECONÓMICOS.

¿Cómo mejorar su productividad, rentabilidad y sostenibilidad?

—¿Cómo te va con tu tienda fashionista, Karla?

—Pues ahí voy. Aprendiendo a manejarla.

—Claro, no es fácil. Creo que es muy valiente de tu parte decidirte a emprender.

—Pues ha sido mi sueño dedicarme a diseñar prendas originales y personalizadas, pero nunca imaginé que sería tan complicado. Imaginarlas, dibujarlas y producirlas me encanta, pero esa es solo una parte de todo el proceso. He tenido que aprender a administrar, costear, hacer marketing, uffff, mil cosas que no sabía.

¿Te identificas con Karla? De hecho, Las micro, pequeñas y medianas empresas (MIPYMES) son agentes económicos clave en el mundo. Es más, representan aproximadamente el 99% del total de empresas, generan gran parte del empleo (67%) y actúan en una amplia variedad de ámbitos de la producción y de los servicios (Consejo Económico Para América Latina y el Caribe, CEPAL, 2020). En Panamá, mi país de origen, representan más del 72% del parque empresarial (Centro Nacional de Competitividad, CNC, 2020).

Sin embargo, la rentabilidad y la productividad de las MIPYMES son bajas. De acuerdo con las estadísticas, más del 85% no sobreviven al primer año de funcionamiento. ¿Será porque no emplean lo que los especialistas llaman Buenas Prácticas de Gestión de Negocios (BPGN)?

Un estudio con empresas automotrices reveló que organizaciones como Ford y Toyota sí utilizan dichas herramientas y metodologías, además de motivar su aplicación en las empresas con las que tercerizan servicios. Esto ha significado un importante aporte a la consolidación y crecimiento de las MIPYMES del sector, ya que mejoran sus procesos industriales y administrativos. ¡Justo lo que los emprendedores necesitan!

En México, por ejemplo, un estudio reveló que el 43% de las pequeñas y medianas empresas fracasan debido a errores en la gestión administrativa (Cruz, 2016). Frente a esta realidad, las organizaciones públicas y privadas han reaccionado creando programas que brindan:

- asistencia técnica y capacitación
- fomento a la innovación y a las mejoras en los procesos productivos
- articulación productiva.

En todo esto, la clave es conocer e implementar Buenas Prácticas de Gestión de Negocios (BPGN). Esto se logra aplicando herramientas que permitan a las MIPYMES avanzar operativamente en la mejora continua que busca la excelencia.

Buenas prácticas de gestión de negocios

Exploremos alguna de las bases teóricas que sirven como fundamento para mejorar la rentabilidad, productividad y sostenibilidad de las empresas.

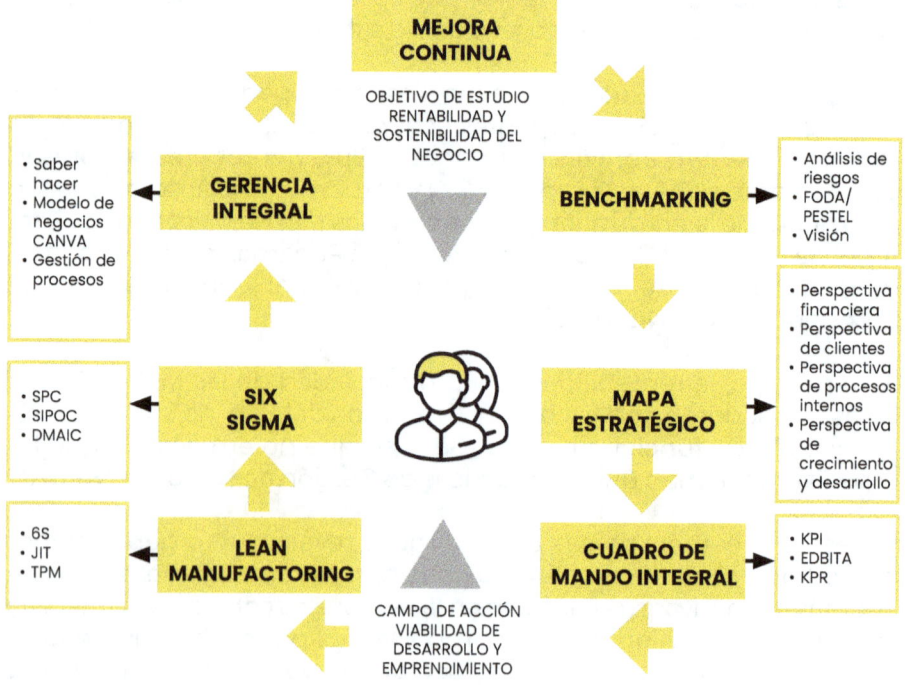

El benchmarking es necesario para buscar modelos de excelencia dentro del segmento empresarial del que formamos parte. Así identificamos las fortalezas y ventajas competitivas que nos sirvan de parámetro para establecer planes de acción, objetivos y metas. El bechmarking también nos permite efectuar un análisis de riesgos que se complementa con herramientas como PESTEL (Political, Economical, Social, Technological, Environmental, and Legal) y DAFO (Debilidades, Amenazas, Fortalezas y Oportunidades). La idea es tener claro el panorama para tomar decisiones y anticiparnos a las situaciones.

El mapa estratégico nos permite establecer la ruta hacia la rentabilidad. Kaplan & Norton nos brindan una excelente herramienta de gestión para elaborar la estrategia de fidelización de nuestros clientes, además de obtener nuevos clientes y formar a nuestra fuerza de trabajo. Esto se logra a través del valor agregado de nuestros productos y servicios, combinados con las tecnologías apropiadas que nos permitan lograr metas financieras tangibles y también las intangibles que representan al capital humano.

El Cuadro de Mando Integral (CMI) implica definir los indicadores clave del negocio, tomando en cuenta que debes ser medibles y alcanzables para darles seguimiento y evitar sorpresas adversas. Para Kaplan & Norton (2002): "Un CMI adecuadamente construido articula la teoría del negocio. El CMI debería basarse en una serie de relaciones de causa-efecto, derivadas de la estrategia, incluyendo estimaciones de los tiempos de respuesta y magnitudes de los vínculos entre las mediciones del Cuadro de Mando."

Lean Manufacturing (Manufactura Esbelta) se refiere a herramientas que son la base de la mejora continua y que constituyen el día a día de la gestión de procesos. El seguimiento y medición diarios de los resultados con el personal clave de la empresa es fundamental para el éxito del negocio. Implementar este sistema es un importante paso hacia la eficiencia de procesos. Según lo planteado por Hernández & Vizán (2013): "Lean Manufacturing es una filosofía de trabajo, basada en las personas, que define la forma de mejora y optimización de un sistema de producción focalizándose en identificar y eliminar todo tipo de "desperdicios".

Los desperdicios son procesos o actividades que usan más recursos de los estrictamente necesarios. ¿Cuáles serían algunos desperdicios? Sobreproducción, tiempo de espera, transporte, exceso de procesado, inventario, movimiento y defectos. Con las herramientas Lean notamos lo que no deberíamos estar haciendo porque no agrega valor.

Six Sigma constituye la mejor metodología para solucionar los problemas utilizando eficientemente los recursos. De acuerdo con Bass (2009): "El uso de Lean Six Sigma ha demostrado ser una forma poderosa y efectiva de proporcionar resultados operativos positivos sostenidos en organizaciones de todo el mundo. Lean Six Sigma es, de hecho, una filosofía híbrida para mejorar continuamente las organizaciones. Su objetivo es eliminar el desperdicio mediante la creación de una cultura de mejora en la que las personas aprenden herramientas poderosas para resolver problemas y mejorar a través de la gestión visual y la estandarización".

Gerencia integral se refiere a tomar en cuenta todos los aspectos específicos de la operación y etapas del negocio para liderar al equipo, ya que no es viable gerenciar de manera general. Para uno de los autores más destacados en estos temas, Sallenave, (2002): " La gerencia integral es el arte de relacionar todas las facetas del manejo de una organización en busca de una mayor competitividad: la estrategia para saber a dónde vamos y cómo lograrlo; la organización para llevar a cabo la estrategia eficientemente; y la cultura para dinamizar la organización y animar a su gente".

Sin duda estas buenas prácticas pueden solucionar los problemas de gestión que enfrentan las MIPYMES y que incluso las han llevado al cierre de operaciones. El aprendizaje y la creación de programas especializados son de gran ayuda para mejorar la productividad, la rentabilidad y la sostenibilidad de las MIPYMES

EDGAR
DELGADO

Profesor a nivel de educación superior, fundador de GestiTec Consultores, empresa que colabora con MIPYMES y emprendedores para construir la excelencia en sus operaciones a través de las buenas prácticas de gestión del negocio. Mi experiencia de más de 25 años en cargos administrativos me motivó a seguir preparándome con la maestría y también un Doctorado en Administración de Negocios para fortalecer conocimientos, habilidades y destrezas, con la finalidad de seguir apoyando a mis estudiantes, a las MIPYMES locales, y regionales.

CHAIN
REACTION

EMPRESAS Y TALENTO DEL FUTURO

Usa la tecnología en lo que ya haces, automatiza procesos para brindar una experiencia ¡WOW! a tus colaboradores y a tus clientes.

LAS 6D'S
DEL CAMBIO EXPONENCIAL

Toda innovación que implementes pasará por esta progresión que debes gestionar estratégicamente.

○ Democratizado

○ Desmonetizado

○ Desmaterializado

○ Disruptivo

○ Engañoso

○ Digitalizado

Le tenemos miedo a lo desconocido, pero en la medida que le ponemos luz a los entornos, **vemos las ventajas.**

SEIS MEGATENDENCIAS
QUE DARÁN FORMA AL MUNDO
EN EL 2050

 Tecnología e innovación

Salud y bienestar

Personas que aprovechan IA (Inteligencia Artificial)

 Sostenibilidad

 Política y gobernanza

Economía y negocios

La gran pregunta

¿CUÁLES SON LAS HERRAMIENTAS Y LAS COMPETENCIAS EMPRESARIALES
QUE MEJOR ME PREPARAN PARA ADUEÑARME DEL FUTURO?

La capacidad de hacerte las preguntas correctas y buscar las respuestas junto a tu equipo.

El fenómeno se llama **APRENDIZAJE CONSTANTE** PARA GESTIONAR LA INNOVACIÓN.

//BRIGHT DOMINO
CORPORATE UNIVERSITY

¿CÓMO ENFOCAR MIS ESFUERZOS DE MERCADEO PARA HACERLOS MÁS RENTABLES?

Soy consultor en marketing. Muchas personas se preguntan "¿por qué me cuesta vender a pesar de los esfuerzos que realizo?". La respuesta no es sencilla, ya que la estrategia se integra por diversos factores, pero el más importante es uno...precisamente del que voy a hablarte.

Una pequeña panadería en un barrio residencial tenía los mejores panes de la ciudad, pero nadie parecía saberlo. El dueño de la panadería, Juan, trabajaba duro todos los días para producir pan fresco y delicioso, pero sus ventas eran escasas. Él estaba confundido y no entendía por qué su negocio no tenía éxito.

Un día, Juan decidió buscar ayuda de un experto en marketing. El experto le explicó que debía hacer más que simplemente producir buenos productos. Necesitaba comunicar a su público objetivo lo que hacía su panadería única y por qué debían elegirla. Juan comenzó a utilizar técnicas de marketing para promocionar su negocio. Hizo folletos publicitarios, publicó anuncios en las redes sociales y colocó carteles en la tienda. También comenzó a ofrecer degustaciones de sus productos y a organizar eventos en su tienda para atraer a los clientes.

Los resultados no se hicieron esperar. Las ventas de la panadería aumentaron significativamente y la gente comenzó a hablar sobre lo delicioso que era el pan que Juan tanto se esmeraba en hornear. Su negocio floreció y pronto se convirtió en un destino gastronómico de la ciudad.

Esta historia ilustra la importancia del marketing para el éxito de un negocio. Aunque tengas los mejores productos del mundo, si nadie sabe de ellos, tu éxito es poco probable. El marketing es la herramienta que le permite a una empresa comunicar su mensaje al público objetivo y atraer clientes.

El marketing es una ciencia, un arte, una herramienta esencial que requiere enfocar los recursos para promocionar el negocio o producto, atraer clientes y vender. Además, el marketing permite identificar las necesidades y preferencias del público objetivo para adaptarse a ellas. También es importante porque nos ayuda a diferenciarnos de la competencia al establecer una marca sólida y reconocida. El marketing es una inversión necesaria para el éxito y crecimiento a largo plazo de un negocio.

LA IDENTIFICACIÓN DEL MERCADO

Lo primero y más importante es tener claro cuál es nuestro público, ese cliente que Juan cree, puede ser el ideal para probar esas delicias que hornea. Conocer sus necesidades y preferencias es determinante para adaptar nuestra oferta de productos y servicios a lo este cliente requiere. El conocimiento del mercado nos permite determinar nuestro segmento y establecer una estrategia de marketing adecuada para llegar a él. También permite anticipar las tendencias y cambios para adaptarnos.

Además, la identificación del mercado es esencial para la toma de decisiones en cuanto a la localización y tamaño del negocio, la inversión inicial y la estructura de precios.

Como puedes ver, necesitas tener claro cuál es tu mercado, a quién deseas venderle, porque sin esa claridad es imposible tomar buenas decisiones que se trasformen en efectivas estrategias de marketing. Entonces vienen los gastos en publicidad y mercadeo que no producen frutos porque no le estás hablando a tu público objetivo.

No es necesario ser mercadólogo para sacar esta conclusión ni para emplear algunas buenas estrategias. Alguien dice por ahí que mercadólogo somos todos. Claro que no es del todo cierto, pero sí es verdad que el sentido común nos puede guiar efectivamente. Por supuesto que lo mejor es hacer un análisis estratégico profesional para identificar tu mercado y enfocar tus recursos inteligente y eficazmente.

Diego, el hermano de Juan, lo hizo al iniciar con su emprendimiento. Él es un ingeniero civil graduado con honores y con toda la energía para establecer su agencia de servicios de construcción. No se visualizaba como empleado de alguna constructora, a pesar de que algunos de sus catedráticos lo invitaron a pertenecer a sus empresas. En la universidad le enseñaron sobre desarrollo de proyectos y las bases de la empresarialidad, pero no es lo mismo enfrentarse a la situación de la vida real.

Cuando conversábamos, tenía toda el deseo de aprender y le expliqué... Mira, hay varias maneras de identificar a tu segmento, le dije. Veamos las esenciales que te servirán para orientar tus acciones de marketing:

Es importante entender a tu mercado e industria. Debes definir a quiénes está destinado tu producto o servicio. Piensa en factores como la edad, el género, la ubicación geográfica, el nivel de ingresos y los intereses de tus potenciales consumidores. ¿Deseas ofrecer tus servicios a personas particulares que buscan construir su casa, a empresas que buscan construir sus oficinas, o deseas vender a empresas desarrolladoras inmobiliarias?

Para definir tu audiencia objetivo, debes tener en cuenta varios aspectos clave:

- **Edad.** ¿Son jóvenes, adultos o mayores?
- **Género.** ¿Te diriges a hombres, mujeres o ambos?
- **Intereses.** ¿Qué intereses tienen las personas que quieres atraer? ¿Son aficionados a un deporte, a la música, a la moda, etcétera?
- **Estilo de vida.** ¿Qué tipo de vida llevan las personas que quieres atraer? ¿Son personas ocupadas, con poco tiempo libre, o tienen más tiempo para disfrutar de hobbies y actividades?
- **Ubicación geográfica.** ¿en qué parte del mundo viven las personas que quieres atraer? ¿Es una zona urbana o rural?
- **Nivel socioeconómico.** ¿Son personas de clase media, alta o baja?
- Una vez tengas en cuenta estos aspectos, podrás definir con más precisión quiénes son las personas a las que quieres llegar y cómo puedes hacerlo de la manera más efectiva.

Algunas herramientas para definir tu audiencia:

- **Encuesta:** realiza una encuesta a tu público actual o potencial para obtener información sobre sus intereses, necesidades y preferencias.
- **Análisis de datos demográficos:** utiliza herramientas como Google Analytics para obtener información sobre la edad, el género, la ubicación geográfica y el nivel de ingresos de tu audiencia.
- **Análisis de redes sociales:** utiliza herramientas como Facebook Insights o Twitter Analytics para obtener información sobre los intereses y preferencias de tu audiencia en las redes sociales.
- **Investigación de mercado:** realiza una investigación en línea o en persona para obtener información sobre el tamaño del mercado, los patrones de compra y las preferencias de tu audiencia objetivo.
- **Encuestas de satisfacción del cliente:** realiza encuestas a tus clientes actuales para obtener información sobre sus necesidades y preferencias, y cómo estás cumpliendo con ellas.

2

Por otro lado, tómate el tiempo para crear un perfil de cliente ideal. Es decir, una representación detallada de tu consumidor ideal para saber cómo hablarle, de acuerdo con lo que le atrae e interesa. Ten en cuenta estos aspectos clave:

- **Demografía:** el género, edad, ubicación geográfica, nivel socio-económico y estilo de vida.
- **Necesidades y deseos:** cuál es su dolor, lo que desea resolver, sus aspiraciones y anhelos, para descubrir cómo tu producto o servicio puede satisfacerlos.
- **Puntos de contacto:** dónde y cómo se informa, interactúa y compra para saber a través de qué medios y estrategias lograrás relacionarte con él.
- **Comportamiento de compra:** cómo y dónde compra, y cómo influyen en él factores como el precio, la calidad, la marca y la confianza.
- **Valores y actitudes:** qué considera no negociable e importante para establecer una relación de confianza.

Con toda la información, puedes crear un perfil detallado. ¡Incluso ponle nombre y busca una fotografía que te ayude a visualizarlo. Cada vez que pienses en alguna estrategia de marketing, hazte la pregunta: ¿Eso le gustaría a...? ¿Se sentiría identificado y le parecería interesante?

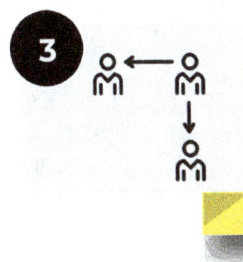

3

Además, analiza a competencia.
Es indispensable que identifiques y te mantengas al tanto de tus competidores porque son parte vital de tu ecosistema de negocios. Esto te ayudará a determinar cómo te diferencias, cómo pueden colaborar y también cómo puedes destacar en el mercado.

- **Investiga en línea:** utiliza palabras clave relacionadas con tu negocio para ver quiénes aparecen en los resultados de búsqueda y en qué posición. También puedes utilizar herramientas de investigación de mercado como Google Trends para ver quiénes son tus competidores más importantes.

- **Verifica en redes sociales:** mira quiénes son tus competidores en las redes sociales y analiza su presencia en línea. Esto te ayudará a entender cómo se comparan con tu negocio y qué estrategias están utilizando para llegar a su público objetivo.
- **Analiza a tus competidores directos:** mira a los negocios que venden productos o servicios similares a los tuyos y analiza cómo se comparan en términos de precios, calidad, servicio al cliente y marca.
- **Consulta a tus clientes:** pregúntales qué otros negocios han considerado al elegir tus productos o servicios. Esto te dará una idea de quiénes son tus competidores indirectos.
- **Participa en eventos de la industria:** asiste a conferencias, congresos y summits para conocer a otros profesionales y descubrir quiénes son tus competidores.

Otro punto importante es analizar las tendencias del mercado para identificar oportunidades, además de anticiparte a las necesidades de tus consumidores. Hay diversas herramientas tecnológicas que te ayuden con esto. Toma en cuenta.

- Gráficos de precios que son una herramienta fundamental para entender las tendencias del mercado. Se pueden utilizar diferentes gráficos para analizar la evolución de los precios a lo largo del tiempo.
- Indicadores técnicos que son herramientas que se basan en los datos de precios y volumen para generar señales de compra o venta. Algunos de los indicadores más populares son el promedio móvil, el índice de fuerza relativa (RSI) o el oscilador estocástico.
- Análisis fundamental que es una técnica basada en el estudio de los fundamentos económicos y financieros de una empresa o sector para determinar su valor y su posible evolución.
- Análisis de noticias y eventos que pueden afectar al mercado, como cambios en las políticas monetarias de los bancos centrales, elecciones a cargos públicos o anuncios de resultados empresariales.
- Análisis de sentimiento del mercado es una herramienta útil para entender las tendencias. Se puede medir el sentimiento del mercado a través de encuestas a inversores o a través de la actividad en redes sociales o foros relacionados con el mercado.

Por lo tanto, le expliqué a Diego, el éxito de nuestra estrategia de marketing está íntimamente relacionada con nuestro conocimiento del mercado, el conocimiento de las características y necesidades de nuestros clientes potenciales, de la competencia y de las tendencias.

Con estas estrategias, Diego exploró, investigó y sondeó para perfilar a su cliente como un joven profesional interesado en vivienda funcional y moderna con acceso a diversas amenidades que le permitieran relacionarse y disfrutar de su vida. Lo llamó Esteban. Así que se enfocó en satisfacer las necesidades y gustos de Esteban. ¿Sabes qué sucedió? Pues ¡le ha vendido a Esteban y a muchos clientes más! Esta logrando impresionantes resultados gracias a que se tomó el tiempo de realizar una estrategia de marketing.

Es tu turno, identifica claramente tu mercado y **¡ve por esos clientes que esperan ansiosos tu solución!**

JOSÉ IGNACIO
JUÁREZ BARILLAS

Más de 15 años en el ámbito del marketing me han brindado experiencia en el campo de análisis y dirección de proyectos. Me involucro desde el proceso del consumidor para entender su comportamiento y aplicar herramientas para satisfacerlo, generando estrategias de atracción, conversión y fidelización. La experiencia en la gestión de proyectos a corto, medio y largo plazo me ha permitido crecer en el ámbito profesional y aprender sobre negociaciones, relaciones B2C, B2B y alianzas. Me brinda enorme satisfacción aportar a los proyectos para que sean altamente productivos.

LO QUE LA **GERENCIA**
DEBE SABER DEL

MARKETING EN
LAS REDES SOCIALES

> Antes de hablar de redes sociales
> **debemos hablar de estrategia...**
> ¿Cuál es tu **propuesta de valor** y tu producto clave?
> ¿Cuál es la **personalidad** de tu marca y la
> de tus clientes?
> ¿Con qué **recursos** y presupuesto cuentas?

Cuando tienes claro tu panorama, puedes establecer tu hoja de ruta y diseñar la travesía y experiencia de tu clientes desde su primera aproximación a tu marca, hasta que se convierte en tu fiel consumidor al punto de recomendarte.

En toda esa travesía, las redes sociales son excelentes herramientas, pero debes conocer bien la personalidad y audiencia de cada una. **De acuerdo con los análisis y estadísticas la reina es**

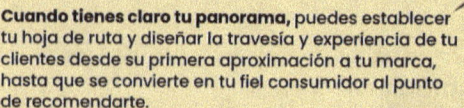

SERVICIO
FIDELIZACIÓN
ADQUISIÓN
CONSIDERACIÓN
DESCUBRIMIENTO

Es la que **más y mejor alcance tiene** para una interesante mezcla de audiencias. Es la más **comercial y general,** pero es importante analizar las otras que se dirigen específicamente a tu audiencia.

EL RETO ES COMPRENDER Y APROVECHAR BIEN LO QUE CADA RED OFRECE.

¿QUÉ DEBES TOMAR EN CUENTA?

01 Conocer y aprovechar los **algoritmos** de cada red.

02 Hacer inversiones inteligentes **de pauta.**

03 Definir bien **tus objetivos** y criterios de evaluación de impacto.

04 Desarrollar el **contenido idóneo** para cada red específica, de acuerdo con su audiencia.

05 Escoger las redes **que puedes gestionar** consistente y eficientemente.

06 Asesórate con **especialistas** que te apoyen para administras tus activos digitales.

LA GRAN PREGUNTA

¿Realmente mi marca necesita estar en redes sociales?

¡Sí, pero estratégicamente!

La frase clave es **ESTRATEGIA DE COMUNICACIÓN Y MARKETING.**

¿Cuál ha sido el proyecto empresarial más retador que has ejecutado? Como gestores, creo que nos apasionan los desafíos. No sé si eres como yo y como muchos que conozco que no se niegan a asumir riesgos. Mientras más grande es el reto, mejor, porque más grande será también el impacto positivo que provocaremos. No se trata de un vacío deseo egocéntrico, sino de la pasión por contribuir. Esa es la energía que mueve al mundo empresarial o más bien la energía que nos debe mover porque las tendencias van en esa dirección. Cada vez más, la gestión de proyectos se orienta hacia los negocios con enfoque responsable como generadores de bienestar para la comunidad global.

En este contexto se ha desarrollado mi experiencia con gestor de proyectos inmobiliarios. Uno de los más desafiantes ha sido Aralia II, un edificio residencial de casi 15 mil metros cuadrados que incluye 77 apartamentos, en la ciudad de Guatemala.

En octubre, 2019, asumí este reto. A pesar de su tamaño, este complejo habitacional considera en su distribución amenidades novedosas con un diseño industrial y disruptivo para la zona donde se construyó. En ese momento, el proyecto aun no contaba con los permisos institucionales para iniciar la construcción. De hecho, la tramitología, en ese entonces, tenía un retraso de casi tres meses.

SISTEMA CONSTRUCTIVO

En el terreno había bodegas y viviendas de uso comercial de un nivel que estaban desocupadas. Lo primero, luego de adquirir, era demoler un total de 3,050.91 metros cúbicos.
La excavación para los sótanos de parqueos también fue monumental, aproximadamente 18,924.270 metros cúbicos, para construir los 3 sótanos. El sistema de estabilización de taludes utilizado fue de muro cortina de pilotes y *soil-nailing* hacia el lindero de la calle.

El edificio se construyó con un sistema de placas o muros fundidos. No me extenderé en explicar el sistema que efectivamente beneficia la velocidad de ejecución, aunque representó un reto para la ubicación y funcionamiento de las instalaciones entre muros y losas, además de ser una limitante para realizar adaptaciones solicitadas por los clientes.

RETOS

En el terreno había bodegas y viviendas de uso comercial de un nivel que estaban desocupadas. Lo primero, luego de adquirir, era demoler un total de 3,050.91 metros cúbicos.

La excavación para los sótanos de parqueos también fue monumental, aproximadamente 18,924.270 metros cúbicos, para construir los 3 sótanos. El sistema de estabilización de taludes utilizado fue de muro cortina de pilotes y *soil-nailing* hacia el lindero de la calle.

El edificio se construyó con un sistema de placas o muros fundidos. No me extenderé en explicar el sistema que efectivamente beneficia la velocidad de ejecución, aunque representó un reto para la ubicación y funcionamiento de las instalaciones entre muros y losas, además de ser una limitante para realizar adaptaciones solicitadas por los clientes.

Licencia de construcción. Pareciera algo menor que se tramita fácilmente, pero en la práctica, requiere de claridad para diseñar una estrategia fundamentada en la persistencia. Finalmente alcanzamos ese primer logro después de invertir muchas horas de trabajo con las instituciones respectivas literalmente esperando una corrección o una aprobación para continuar. ¡La licencia fue aprobada el 21 de diciembre del 2019! Así que, sin perder tiempo, iniciamos la construcción del campamento el 22 de diciembre.

Tiempo ejecución. Uno de los principales retos era entregar el proyecto en el tiempo programado que era de dieciocho meses, tomando en cuenta que ya teníamos tres meses de atraso y no sabíamos que la pandemia COVID-19 nos esperaba a la vuelta de la esquina.

Presupuesto. Heredé una proyección del gerente anterior. Dicho presupuesto tenía una pequeña peculiaridad: no contemplaba la compra del acero para la construcción del edificio que representaba aproximadamente Q4.5MM, nada más y nada menos que 10% del presupuesto de construcción, considerando el valor del quintal de acero en aquel momento.

Gestion de talento. También heredé un equipo de obra que ya había ejecutado otro proyecto con la empresa. El líder de este equipo era un arquitecto con amplia experiencia, que casi me duplicaba la edad, así que fue un desafío convertirme en su jefe. Lamentablemente no era un líder positivo, ya que su actitud no era de aportar sino de cuestionar las decisiones, por lo que se percibía cierta rivalidad, además de no enfocarse en brindar los resultados que se esperaban.

Pandemia. El 13 de marzo, 2020 se declaró situación de alto riesgo debido a la pandemia en Guatemala, y el 21 de marzo, el presidente Alejandro Giammattei anunció la cuarentena que inició el 22 de marzo. Definitivamente, esta situación de terrible incertidumbre comprometía el tiempo de ejecución del proyecto. Enfrentamos el cierre total que luego pasó a toques de queda con restricciones en las horas laborales, sumado a las limitaciones en la movilidad (placas pares/impares). Por supuesto que el temor a los contagios fue una condicionante y tuvimos que aprender e implementar rápidamente sobre los protocolos de seguridad para un proyecto de construcción en donde interactuábamos más de doscientas personas al día.

SOLUCIONES

Metodología Lean. Para tener control detallado de las tareas diarias de todos los contratistas del proyecto, implementamos la herramienta Last Planner System (LPS) que brinda la metodología Lean Construction. Con esta planificamos utilizando el concepto Pull, es decir, programar de adelante hacia atrás las tareas en función de los hitos a alcanzar. Por lo tanto, se proyecta de fin a inicio, contrario a la forma tradicional que es de inicio a fin.

Esta herramienta contempla sesiones semanales en las que los contratistas rinden cuentas de las tareas programadas durante la semana, lo que permite establecer compromisos con los tiempos de ejecución. Básicamente mantiene el enfoque de todos los involucrados en el proyecto.

Estrategia de contratación/compras. La relación laboral con los contratistas se pactó utilizando un híbrido entre llave en mano y una administración directa de varios proveedores o contratistas. Esto nos permitió ahorrar considerablemente aprovechando la economía de escala. Además, implementamos una matriz de abastecimiento basada en la metodología APP directamente ligada al programa de obra para hacer contrataciones oportunas y evitar reprocesos o retrasos.

Control certero y cercano de ejecución de presupuesto. Implementamos reportería semanal de control de cambios, control de subcontratos (estados de cuenta con proveedores), programa de erogaciones – flujo de efectivo a ocho semanas, proyección mensual de cierre de proyecto y gastos en función de reporte financiero.

Equipo de obra. Sin duda pude confirmar que el éxito de un proyecto depende de la sinergia que se logra en el equipo. Meses después de iniciar con el proyecto, fue inevitable cambiar al arquitecto que generaba un ambiente negativo. El cambio fue efectivo en junio, 2020. A partir de la contratación de un nuevo líder de equipo de obra, implementamos una matriz de roles que fue determinante para el éxito del proyecto.

Gestionar la pandemia. Definitivamente pensar fuera de la caja fue lo que nos permitió, después de Dios, enfrentar de la mejor forma todas las restricciones que se impusieron en el país. Para el momento cuando se decretó la cuarentena por pandemia, teníamos casi un mes de adelanto en el programa de obra. A mediados de abril ya no teníamos ningún adelanto, y en agosto ya teníamos casi dos meses de atraso.

Para enfrentar el toque de queda y las restricciones de movilidad, implementamos un campamento que albergaba a sesenta y cuatro personas, ubicado aproximadamente a 200 metros del proyecto. De esta forma, el personal podía caminar al campamento diez minutos antes del toque de queda. Los costos de implementación del campamento y de las medidas frente al COVID fueron cubiertos 50% por la desarrolladora y 50% por la constructora.

Dentro del proyecto construimos un comedor con capacidad para veintiocho personas que tomaban su tiempo de alimentación guardando el debido distanciamiento. Esta medida implicó designar turnos de comida de treinta minutos. Así que la hora de almuerzo iniciaba a las 11am y terminaba a las 3pm.

Además, organizamos grupos de trabajadores por áreas, identificados por colores con el objetivo de monitorear posibles contagios. De haber algún caso positivo, podíamos aislar al grupo completo sin detener la obra. Gracias a Dios, durante la ejecución del proyecto, únicamente tres personas que llegaban eventualmente resultaron positivas por COVID. Nunca tuvimos que aislar o cuarentenar a ningún grupo, mucho menos cerrar el proyecto.

Finalmente, pudimos concluir el proyecto en junio, 2021, y el sobrecosto inicial de Q4.5MM se pudo reducir a Q0.5MM. Sin duda la gestión de proyectos es un arte que se aprende y también se ejercita con cada desafío. ¿Cuál es la recomendación frente a los retos? Integrar un equipo comprometido con el éxito, ya que todos aportarán sus talentos para lograr lo que se proponen.

GERARDO
MENDOZA

Me he especializado en administración de proyectos a través de diversas plataformas de aprendizaje: Diplomado "Project Management Enfocado en Desarrollo inmobiliario", por Cámara de Construcción de Guatemala; además del Diplomado "Project Management", por ESI School of Management; y el Seminario "Prevención y Evaluación mediante ENDS de los efectos causados por terremotos en diferentes estructuras", por BAC Engineering Consultancy Group/Foppoli Moreta & Associati; y el Seminario "Administracion Profesional de Proyectos APP", por Grupo Escala. Mi pasión es gestionar proyectos de desarrollo inmobiliario para que las familias cumplan sus sueños.

TENDENCIAS
EN LA GESTIÓN
DE LA CADENA
DE SUMINISTROS

"

Tengamos claro nuestros procesos para gestionar los riesgos, modelar la incertidumb y responder con agilidad ante las eventualidades.

Anie Silvie Álvarez

Como oferentes de productos y/o servicios, necesitamos gestionar **el flujo de nuestra operación** y lo que necesitamos en cada fase del proceso hasta que nuestro cliente obtiene **esa solución que le prometemos.**

Todo esto en un

ENTORNO FANI

F	**A**	**N**	**I**
01	02	03	04
frágil	ansioso	no lineal	Incomprensible

Gestionar con precisión y excelencia tu negocio bajo estas condiciones

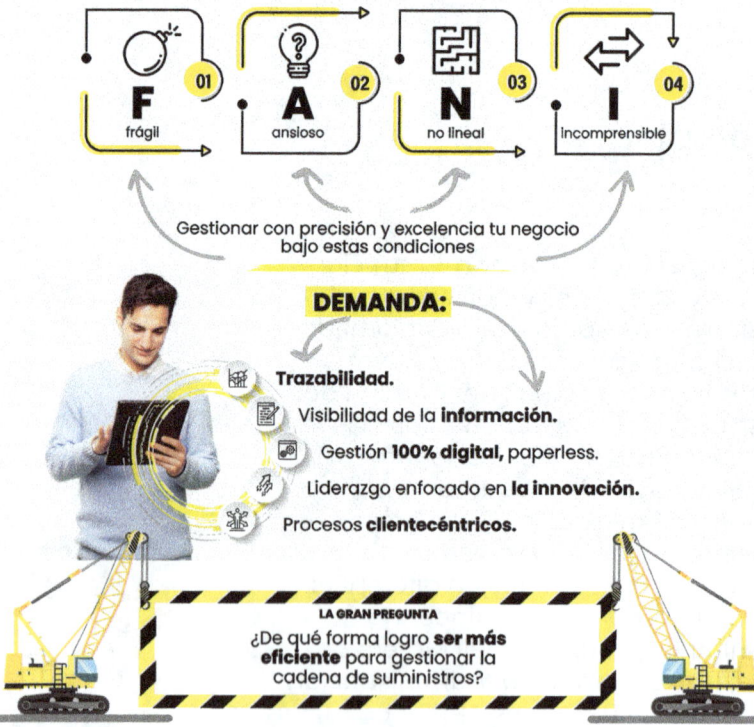

DEMANDA:

Trazabilidad.

Visibilidad de la **información.**

Gestión **100% digital,** paperless.

Liderazgo enfocado en **la innovación.**

Procesos **clientecéntricos.**

LA GRAN PREGUNTA

¿De qué forma logro **ser más eficiente** para gestionar la cadena de suministros?

La frase clave es

MAPEA, DISEÑA Y ESTANDARIZA
TUS PROCESOS PARA ANTICIPARTE Y PLANIFICAR CADA PUNTO DE CONTACTO CON PROVEEDORES Y CLIENTES.

LIDERAZGO, TALENTO Y GESTIÓN DE EQUIPOS

La pandemia por COVID-19 logró cambiar la forma en la que vemos el trabajo. Este periodo tan complicado provocó un fenómeno llamado "la gran renuncia", debido a que las personas decidieron priorizar su bienestar y el disfrute de su vida, al ver la lo vulnerable que era.

En Estados Unidos, el gobierno otorgó ayuda económica que contribuyó con una espiral que giraba en torno a las masivas renuncias y los despidos por reducción de actividad debido a la pandemia, dos elementos que se alimentaron mutuamente a partir de dicha subvención estatal. ¿Cuál fue el resultado? Las personas preferían permanecer desempleadas y acceder a la ayuda económica, lo que era más rentable que trabajar por el sueldo que ofrecían algunas empresas a tiempo completo.

La conducta conformista se hizo más evidente cuando los negocios comenzaron a operar con normalidad y enfrentaron la crisis de mano de obra. ¡Las personas no querían trabajar! Solo aceptaban ofertas competitivas que superaran las ayudas económicas que recibían por desempleo. Este fenómeno generó una "guerra" entre las empresas por ganar empleados; se valieron de mejores salarios, atractivos beneficios inmediatos como bonos por ingreso a la compañía, incentivos por referencia de personal, y entrenamientos pagados. Dichos incentivos fueron una medida desesperada en búsqueda de capital humano en medio de la crisis para no perder participación o verse obligados a salir del mercado.

La aviación es ejemplo de una industria que se vio afectada durante la pandemia. Era noticia frecuente que, sin importar el tamaño de la aerolinea, tenian que cancelar o postergar vuelos por falta de personal. A raíz de la alta demanda y poca oferta de capital humano esta industria, los empleados aprovecharon para exigir aumentos salariales y mejores paquetes de beneficios.

Independientemente de que esas mejoras parecían ser lo que las personas querían, no se lograba fidelizar ni retener a los empleados. La enorme oferta provocó que las personas se movieran de un empleo a otro solo por la mejoria salarial, aunque no fuese tan marcada la diferencia, y en algunos casos iniciaban en algunos trabajos solo por el bono de ingreso; cuando lo obtenía, cesaban sus labores.

SOLUCIONES ESTRATÉGICAS

En este escenario, ha tomado relevancia crear estrategias que contemplen el cuidado y construcción de la imagen de la empresa como marca empleadora. La experiencia del candidato es vital para captar y fidelizar a colaboradores capaces y comprometidos. Estas estrategias garantizan la permanencia de la empresa en el mercado.

El talento humano es uno de los recursos más valorados dentro de una compañía. De hecho, sin colaboradores no existiría la empresa, especialmente las que se dedican a brindar servicios, donde el factor humano es vital.

En la actualidad se ha hecho muy complejo fidelizar el personal. Para lograrlo, te comparto algunas tácticas que debes incluir dentro de tu plan estratégico de gestión del talento:

*   **Experiencia del colaborador.** En el desarrollo de una marca no solo debemos enfocarnos en los consumidores, sino tambien debemos tener muy presente que antes de generar productos y servicios, es necesario atraer colaboradores. Para lograrlo, debemos construir nuestra marca empleadora. ¿Cómo lo hacemos? Desarrollemos el Employee Journey, la ruta o mapa del colaborador desde el primer contacto con nuestra marca.

    La experiencia de los colaboradores debe ser tan buena que se conviertan en embajadores de nuestra marca como empresa empleadora, incluso si ya no laboran con nosotros. En el proceso de reclutamiento, onboarding y desarrollo, incluso hasta su salida encontramos "momentos de la verdad":

CANDIDATE JOURNEY MAP (ATRACCIÓN):

- **Debe incluir** los primeros contactos del candidato con la empresa.

EMPLOYEE ONBOARDING JOURNEY (CONTRATACIÓN):

- **Debemos detallar** las experiencias del empleado en su proceso de entrada y adaptación a la empresa y a la posición a ocupar.

EMPLOYEE ENGAGEMENT JOURNEY (DESARROLLO):

- **La experiencia del colaborador** avanza al ser contratado.

- **Debemos ver esos momentos** de desarrollo como parte de su proceso de fidelización.

- **En este momento puede ser** que empleado no se ajuste o cumpla con las expectativas de la posición.

FEEDBACK (EVALUACIÓN):

- **Cada momento** deben ser evaluado y revisado constantemente para hacer ajustes y que la experiencia sea cada vez mejor.

- **De ser posible,** realicemos evaluaciones 360 grados que toman en cuenta la opinion de los clientes y stakeholders de cada proceso.

LA CLARA Y EFECTIVA COMUNICACIÓN EN CADA UNO DE ESTOS PUNTOS ES VITAL PARA EL ÉXITO DE LA ESTRATEGIA.

- **Integración de equipos de alto desempeño.** ¿A que nos referimos? A equipos que cuentan con las capacidades para cumplir con los objetivos en corto tiempo. Dichos parámetros deben estar claramente definidos para que todos comprendan el alcance de las exigencias. Esto permitirá mejor comunicación y motivación en los integrantes de los equipos.

  La formación de equipos de alto desempeño posiciona a las empresas en un lugar privilegiado, porque fomenta el desarrollo del liderazgo y crecimiento personal.

  La formación constante, el uso de técnicas para el mejoramiento del desempeño y la práctica del liderazgo rotativo serán bases firmes para lograr que los colaboradores y los equipos se consoliden y superen los parámetros de rendimiento.

  Todos los miembros del equipo deberían identificar el valor y la importancia de cada uno de los roles y responsabilidades, además de tener claridad respecto a los objetivos como equipo. Reconocer y entender esto logrará que se valore el esfuerzo individual y que todos colaboren para incluso sobrepasar las expectativas.

  De nuevo, la comunicación y la retroalimentación positiva juegan un papel fundamental en los equipos de alto rendimiento que se mantienen motivados y enfocados al trabajar juntos.

- **Construcción de bienestar laboral como factor clave de sostenibilidad.** En la actualidad, ha tomado auge el emprendurismo y muchos de nuestros colaboradores tienen el potencial y el deseo de emprender. Tomar este deseo como parte de nuestra estrategia nos ayudará a garantizar buenos resultados generando mayor compromiso al mejorar su bienestar. ¿De qué forma? Tratando a los colaboradores como dueños de negocios dentro de la empresa, enseñándoles a analizar los datos relacionados con el departamento o proyecto donde se desempeñan y a presentar resultados. Esta iniciativa aumentará su bienestar laboral al percibir que su aporte es relevante y son importantes para lograr las metas.

Estas tácticas funcionan como engranaje dentro del plan general de gestión del talento y se complementan entre sí, es decir no son excluyentes y deben estar combinadas para lograr que la empresa permanezca bien posicionada frente a sus consumidores y sus competidores.

Recordemos medir la satisfacción de los colaboradores y conocer sus intereses. Las mediciones nos permitirán conocer puntos de mejora y qué tanto cambian los mercados y las necesidades del cliente. Aunque nos encontremos bien posicionados, es necesario continuar generando ideas y aprendiendo, para mantenernos a la vanguardia y asegurarnos permanencia en el mercado.

Frente al reto de encontrar colaboradores estables, responsables y comprometidos, hay que enfocarse en estos tres aspectos que ayudaran a fortalecer la imagen de empresa empleadora. Se requiere hacer un esfuerzo constante en mejorar la experiencia de quienes integran la empresa.

Las empresas que ocupan los primeros lugares con el reconocimiento "Best Place to Work" se destacan por sus acciones para formar líderes. Así que ¡manos a la obra!

JAZMIN AURORA
MOTA VARGAS

Dominicana, licenciada en Mercadotecnia y apasionada por el arte. Me he desempeñado como consultora de negocios enfocada en que las empresas tomen buenas decisiones a través de la investigación de mercado y planificación estratégica. Con experiencia en gestión de RRHH y el manejo de subsistemas de compensación y beneficios, me encanta ayudar a los demás a lograr sus metas con profesionalismo.

GESTIÓN

DEL BIENESTAR
ORGANIZACIONAL

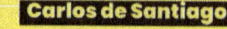

¿Qué tal tus resultados corporativos?
¿Sabías que el nivel de motivación y bienestar que promueves influye directa y dramáticamente el desempeño de tu equipo?

Carlos de Santiago
Experto en gestión de cambios organizacionales.
Coautor del libro "Gerente del Cambio".

Entonces, **veamos qué puedes hacer en este mundo FIGITAL** (digital + físico) que ya no es VUCA (volátil, incierto, complejo y ambiguo) sino FANI (frágil, ansioso, no lineal e incomprensible):

Evalúa el nivel de motivación de tu equipo.
Puedes usar la herramienta UWES 17 UTRECHT WORK ENGAGEMENT SCALE

https://www.wilmarschaufeli.nl/publications/Schaufeli/Test%20-Manuals/Test_manual_UWES_Espanol.pdf

Implementa un modelo POP, es decir de Psicología Organizacional Positiva, enfocado en mejorar la calidad de vida y los resultados. Que la felicidad en el trabajo sea uno de tus objetivos organizacionales y que tu cultura esté permeada por la idea de eficiencia, ya que no se trata de trabajar más, sino de trabajar mejor.

Tus estrategias deben:

 • mejorar las capacidades
 • fortalecer la confianza
 • fidelizar el talento.

Fortalece tu liderazgo para que tu equipo se sienta:

 • equipado con las herramientas y competencias que necesita
 • empoderado y autónomo porque tiene claros los objetivos y las rutas para lograr lo que se espera de ellos.

LA GRAN PREGUNTA

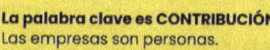

¿De qué forma incremento el bienestar de mis colaboradores?
¡Que todos coman TACO!

Tu POP debe aprovechar la **T**ECNOLOGÍA, mejorar el **A**MBIENTE FÍSICO y fortalecer la **C**ULTURA **O**RGANIZACIONAL de forma SOSTENIBLE.

La palabra clave es CONTRIBUCIÓN.
Las empresas son personas.
Si cuidas con genuino interés de las personas, la empresa se fortalece y avanza.
TODOS DESEAMOS CRECER, MEJORAR y BRILLAR.

LA AUTOCONSCIENCIA:
TU MEJOR ALIADA PARA COMBATIR EL ESTRÉS

Miguel y su esposa Carolina viven en un barrio de clase media alta y tienen dos hijos. A sus treinta y cuatro años, acaba ser ascendido a gerente comercial de una start-up gracias a su excelente desempeño y creatividad. Sin embargo, la crisis económica ha impactado negativamente el negocio, las ventas han caído y no está alcanzando los resultados que todos esperaban, por lo que su jefe lo presiona para mejorar.

Miguel está comenzando a tener dificultades para dormir y siente de vez en cuando una punzada en la boca del estómago. Al observarlo con atención, es posible ver que anda malhumorado y durante las reuniones de trabajo, aprieta los puños y la mandíbula, frunce el ceño y hasta se encorva un poco.

Después de la jornada laboral, llega a casa, su hijo mayor llora y el pequeño estira los brazos porque lo extraña, pero él no logra conectarse con sus pequeños. Cuando ya todos duermen, él abre nuevamente su laptop para terminar pendientes o intenta distraerse frente al televisor. Ya en la cama, da vueltas y vueltas pensando que debe pagar las cuentas, que no le está yendo bien en el trabajo y que lo van a despedir. Su relación conyugal también sufre por la tensión que él mantiene y cada vez está más frustrado porque siente que no es un buen padre ni esposo. A raíz de todo esto, su memoria le juega en contra porque suele olvidar eventos y tareas, no logra activar su natural creatividad y ha disminuido muchísimo su capacidad de concentración, pues con frecuencia sus pensamientos están en otra parte. Después de meses lidiando con esta situación, le diagnostican hipertensión y úlceras gástricas. Evidentemente, Miguel ha sufrido las consecuencias del estrés crónico.

¿Te suena familiar el caso de Miguel? Muchos vivimos situaciones similares, pasamos la vida como en "piloto automático" y normalizamos estar así; al fin y al cabo es la vida moderna ¿No? Sin embargo, en algún momento, el cuerpo pasa factura y colapsa, haciendo justicia al dicho popular "El cuerpo grita lo que la mente calla".

¡Ahora que sabes que no eres el único!, no te culpes, más bien es importante que te trates con amabilidad y tomes acción. Hay muchísimas estrategias fáciles de aplicar que nos ayudan a mejorar nuestro bienestar al ser más conscientes de lo que nos sucede, de manera que podamos gestionar asertivamente los problemas. Entonces, relájate porque te compartiré algunas sugerencias que sin duda te servirán.

En la última década, mucho se ha escuchado sobre el burnout y el impacto del estrés en nuestra salud física y mental. Recibimos educación sobre el tema en el trabajo, los médicos nos dicen que algunas enfermedades que padecemos pueden tener un origen emocional, pero aun conociendo la información, pareciera que seguimos cayendo en los mismos círculos de malestar sin encontrar una forma efectiva para salir de ellos.

El estrés se percibe como negativo, sin embargo sentirnos bajo amenaza y responder a dicha sensación es lo que evolutivamente nos ha permitido sobrevivir como especie. Por ejemplo, cazar, huir de un depredador o luchar contra otra tribu demandaba del cuerpo una respuesta inmediata: elevar la respiración, el ritmo cardiaco y la presión arterial para bombear sangre a los músculos, además de liberar el cortisol y la adrenalina que mejoran las respuestas frente al peligro. Luego de combatir la amenaza o de huir de ella, el cuerpo lograba recuperarse y volver a un estado de equilibrio.

El mundo ha cambiado, pero nuestro cerebro continúa reaccionando de la misma manera frente a un estímulo que decodificamos como amenaza, por lo que sigue desencadenando las mismas reacciones fisiológicas de hace miles de años. Hoy en día nos enfrentamos a factores de estrés que no son fácilmente identificables: avalanchas de correos electrónicos, reuniones interminables, tráfico, resultados en ventas, deudas, relaciones de pareja, etcétera, etcétera...por lo que nuestro cuerpo se encuentra en alerta permanente, generando múltiples síntomas físicos y mentales que se acumulan y que nos pueden llevar a estados crónicos de ansiedad. ¿Qué es lo que nos sucede? Pues que estamos fallando en el paso más importante para evitar el estrés: la autoconciencia.

En tu día a día laboral, ¿qué tan consciente estás de tu cuerpo, postura, gestos, pensamientos y emociones? ¿Tienes claro el efecto que todo esto provoca en tus compañeros, colaboradores y familia? En realidad, muy pocas personas dedican un momento a observar cómo se encuentran, y de ahí surge el problema; solo podemos resolver aquello de lo que somos conscientes. Para mejorar nuestra autoconciencia existen dos dimensiones fundamentales; la corporal y la mental.

EL CUERPO

Estudios recientes de neurociencia han demostrado que así como los pensamientos pueden modificar las respuestas del cuerpo, también las posturas y gestos pueden modificar los pensamientos y emociones. Dicho de otra manera, nuestra corporalidad también puede "hackear" a nuestro cerebro.

Por ejemplo, en 2014 se estudió en Alemania el impacto del encorvamiento sobre la memoria. Para el estudio, dos grupos de voluntarios debían leer una secuencia de palabras en un computador, el primer grupo lo hacía manteniendo una postura erguida, mientras que el segundo grupo tenía la pantalla en el suelo, lo que obligaba a los participantes a encorvarse y bajar la cabeza. Como resultado, el segundo grupo recordó menos palabras y la mayoría que recordaban tenían alguna connotación negativa (Castellanos, 2022).

Por otro lado, el cerebro correlaciona directamente la posición de la boca en una sonrisa con el bienestar, y la frente arrugada con preocupación o molestia. De esta forma, a pesar de que en el momento no tengamos ganas o motivos para sonreír, si lo hacemos, en el cerebro se activan zonas vinculadas con las sensaciones placenteras. Ver a alguien sonreír nos ayuda a migrar rápidamente nuestro estado de ánimo, y de manera inconsciente nuestro cerebro busca sincronizarse con esa sonrisa (Ma, K et al., 2016). Así que el simple hecho de cambiar nuestra postura e iniciar una reunión con una sonrisa puede impactar significativamente nuestro estado mental y también el de los demás, promoviendo ambientes de trabajo más amigables y productivos.

Otra estrategia sencilla de autoconsciencia para implementar en el ámbito laboral es poner un recordatorio al menos dos veces al día para relajar los puños, los dedos de los pies, la frente, la mandíbula y la espalda. Aprovecha ese momento para levantarte de la silla, estirar el cuello e incluso saltar. Siempre debemos tener presente que nuestro cuerpo de alguna forma necesita descargar y gestionar todas las reacciones fisiológicas que se generan con un estímulo estresante, así que respirar, cerrar los ojos por un momento y sonreír, son formas efectivas para regular el cuerpo, ya que ahora no podemos salir huyendo o luchar contra el computador cada vez que recibimos un correo electrónico que detona estados de tensión.

LA MENTE

La clave es reconocer nuestros pensamientos. Recordemos que no podemos gestionar lo que no reconocemos, así que es de gran utilidad hacernos preguntas sobre cómo nos sentimos, qué nos da miedo, qué pensamos frente al trabajo, cómo están nuestras relaciones laborales y familiares, cuáles son las situaciones que nos generan malestar, qué cosas estamos cargando y cuáles deberíamos soltar.

Habrá situaciones efectivamente estresantes que no podemos controlar, pero aceptarlas, dejarlas fluir y diferenciarlas de las que sí está en nuestras manos gestionar, facilitará poner en marcha los recursos internos y externos con los que contamos. También es fundamental no adelantarse a las situaciones; nuestro cerebro está constantemente divagando y pensando en posibles desenlaces de las situaciones, ya que por naturaleza busca realizar predicciones.

Esta proyección inconsciente provoca que gran parte del día estemos ausentes del momento presente, con nuestra mente inmersa en cosas que nos preocupan, eventos pasados o futuros que nos llevan a cualquier otro lugar menos al "aquí y ahora". Recordemos lo que decía el filósofo Chino Lao Tse hace más de 2500 años: "Si estás deprimido estás viviendo en el pasado, si estás ansioso, estás viviendo en el futuro, si estás en paz, estás en el presente". Por cierto, al jefe de Miguel nunca se le pasó por la cabeza despedirlo, era su mejor elemento, y lo consideraba un excelente profesional, solo que presionar por resultados es una constante en el mundo de los negocios.

Otra herramienta, quizá la más poderosa para traer la mente al momento presente y calmar los estados de ansiedad es la respiración. Múltiples estudios confirman la relación entre la respiración consciente y el impacto positivo que tiene en las áreas cerebrales involucradas en la atención, la memoria, el aprendizaje, y el control de las emociones (Castellanos, 2022). Te sugiero este simple ejercicio: inhala lentamente por la nariz, sostén la respiración unos segundos, y exhala aún más lento con la boca cerrada. Repite este ejercicio varias veces y en cualquier momento que sientas estrés. Poco a poco resultará más fácil hacerlo con naturalidad y será evidente la sensación inmediata de bienestar.

Así que conectarnos con nuestro cuerpo y mente en primer lugar es la única manera de evitar que nos atrapen los círculos nocivos de estrés y también es la mejor manera de disfrutar una vida más plena. Sí, habrá presión en el trabajo, enfrentaremos caídas en los resultados, viviremos situaciones dolorosas que no podemos cambiar con sonreír, pararnos más erguidos y respirar profundamente, pero sin duda hacerlo nos ayudará a modular la respuesta de nuestro cerebro y lograremos gestionar mejor esos momentos de ansiedad.

Presta atención a lo que puedes controlar y a las cosas buenas que sí tienes, no busques que todo sea perfecto, y confía en que tienes los recursos para resolver los problemas que se presenten.

LILIANA
TORRES

Colombiana, madre y esposa, además de profesional con especialización en psicología y salud, docencia universitaria y Máster en Intervenciones Psicológicas Basadas en Mindfulness y Compasión. Cuento con sólida experiencia en manejo del estrés de altos ejecutivos. Soy consultora senior con más de veinte años de experiencia en diferentes países, ayudando a personas, familias y empresas a alcanzar su máximo potencial para vivir una existencia más plena y feliz, a partir de un enfoque sistémico que se apalanca en los recursos propios de cada persona.

¿CÓMO ESTABLECER
EL NETWORKING
QUE NECESITO PARA MI EMPRESA?

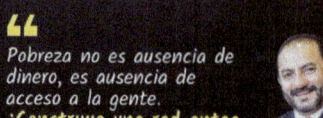

> Pobreza no es ausencia de dinero, es ausencia de acceso a la gente.
> ¡Construye una red antes de necesitarla!
>
> **Julio Lemus**

¿CÓMO LO HAGO?

Planea y muévete estratégicamente

1. Identifica las relaciones que deseas buscar y cultivar porque serán importantes **para tu futuro exitoso.**

2. **Nutre esas relaciones** con generosidad.

3. Sal del círculo de la familia, los amigos y los miembros de tu profesión y construye **una amplia red de contactos.**

4. Usa un sistema planificado para **agregar valor** a esos contactos con regularidad.

5. Conviértete en el conector entre conectores. Sé quien ayuda a las personas a conseguir un recurso que no conocerían y no lograrían obtener **si no fuera por ti.**

6. **Realiza un inventario de tus habilidades y conocimientos** que te hacen un gran colega, líder, administrador, coach o mentor, porque son valiosos para establecer conexiones estratégicas.

7. **Invierte en tu imagen** y formación personal.

Un networker

- es buen oyente
- es amable
- tiene una actitud positiva
- ayuda a los demás con genuino interés
- es disciplinado
- es divertido
- es granjero, no cazador.

La gran pregunta

¿De qué forma logro convertir **mis contactos en conexiones?**

La frase clave es **SIEMBRA, CONTRIBUYE, APORTA, COLABORA DESINTERESADAMENTE,** pronto recibirás lo mismo que has dado.

LAS FINANZAS COMO EJE CENTRAL DEL NEGOCIO

Imagina que estás a punto de emprender ese negocio que tanto soñaste y ya tienes ese producto o servicio que responde a una necesidad del mercado. Piensas que ya es momento de poner todo en marcha, pero ¿qué sigue ahora?

Por muy bueno que sea tu producto y por más creativas que sean tus ideas, tu emprendimiento no será rentable si no administras correctamente tus recursos.

La mayoría de las empresas fracasan en los primeros cinco años. Un tercio de ellas mueren durante el primer año, pero al cumplir los cinco años, más de la mitad termina cerrando sus puertas. ¿Sabes cuál es una de las principales razones por las que sucede esto? Por una mala gestión financiera.

Saber cómo administrar financieramente debe ser un proceso clave de tu compañía. Es el eje central de la gestión de una empresa, y lo que garantizará su continuidad.

Cuando comencé en el mundo de las empresas no conocía nada de finanzas. Francamente, me intimidaba un poco, pero comprendí que era el lenguaje con el que nos comunicamos corporativamente. Si yo quería crecer en los negocios, debía comprender las finanzas. Entonces, comencé a leer sobre el tema y tomé múltiples cursos. Así me di cuenta de que no era tan difícil como pensé al principio. Al final es aritmética de primaria aplicada a un proyecto en el que buscamos obtener ganancias.

El estado financiero de una empresa es como el marcador en un partido de fútbol. ¿Imaginas un juego en el que no sepas quién ha metido más goles y cuántos son? No tendría sentido jugar sin saber cómo va el desempeño y quién ganará. Las finanzas son como tu marcador oficial, son las que dictan las reglas del juego para saber si vas ganando o vas perdiendo, y qué estrategias puedes implementar para avanzar como equipo. Con claridad sobre el estado financiero puedes tomar decisiones de gestión empresarial.

Desde que decidimos abrir un negocio, hablamos el lenguaje de los números. ¿Cuánto capital necesito para iniciar? ¿Cuánto debo invertir para producir y generar valor? ¿A qué precio debo vender para obtener ganancias? ¿Cuál será nuestro retorno de inversión? ¿Cómo presento mis resultados a la junta directiva? ¿Cómo establezco metas con compensación variable?

La gestión financiera es uno de los pilares fundamentales para el crecimiento y sostenibilidad de cualquier compañía. Esto implica mucho esfuerzo en organización, planificación, control y supervisión de los recursos para cumplir las metas.

Al final, el resultado financiero determina el éxito o fracaso de cualquier negocio, es el eje central de la gestión empresarial.

CONSEJOS FINANCIEROS

Sin duda las buenas ideas de negocio son un el inicio para emprender, pero nada se hace realidad hasta que comenzamos a calcular la inversión y ejecutamos nuestros planes. Por supuesto, ¡es el paso más delicado! Por eso, te dejo algunas recomendaciones que pueden ayudarte para que tu empresa sea exitosa.

 **Mantener una buena gestión del flujo de efectivo es clave para el éxito.** Esto implica monitorear los ingresos y gastos de la empresa de manera regular, prever los ingresos y asegurarse de que haya suficiente efectivo disponible para cumplir con las obligaciones.

 **Invertir en tecnología y automatización que ayude a reducir costos y aumentar la eficiencia en muchos aspectos de la empresa**, desde la producción hasta el marketing. Esto permite hacer más con menos recursos, y mejorar la rentabilidad.

 **Analizar los resultados financieros.** Las empresas deben realizar análisis periódicos de sus estados financieros para determinar su rentabilidad y las áreas que necesitan mejoras. Este análisis también ayuda a identificar oportunidades de crecimiento.

 **Establecer un presupuesto ayuda a la empresa a definir objetivos** y límites para los gastos, además de monitorear el progreso hacia esos objetivos.

Diversificar las fuentes de ingresos ayuda a minimizar el riesgo y reducir la dependencia de una sola fuente. Esto puede incluir la venta de nuevos productos o servicios, o la entrada en nuevos mercados o áreas geográficas.

Obtener financiamiento adecuado en función de sus necesidades y capacidades económicas, y que utilice los fondos responsablemente.

Contratar un buen equipo financiero, experimentado y bien informado es indispensable. Los profesionales financieros se hacen cargo de mantener la empresda al día con las regulaciones y requisitos financieros, así como a proporcionar asesoramiento estratégico para que la orgnización alcance sus objetivos.

¿CÓMO EMPIEZO?

Si ya tienes una idea de negocio que necesitas financiar, debes ser estratégico para estructurar una propuesta financiera que te permita conseguir capital semilla. Siempre considera:

1

Comprender tus necesidades financieras. Antes de presentar una propuesta financiera a los inversores, debes entender cuánto dinero necesitas para arrancar tu negocio y hacerlo crecer hasta que empiece a generar ingresos. Determina tu presupuesto, los costos de los productos o servicios, los gastos generales, los costos de marketing, etcétera.

2

Realizar una investigación de mercado. Así puedes establecer los precios adecuados para tus productos o servicios, lo que te permitirá calcular tus márgenes de beneficio y tus necesidades de financiamiento.

3

Desarrollar un plan de negocios sólido y detallado es esencial para presentar una propuesta financiera efectiva. Tu plan de negocios debe incluir una descripción minuciosa de tu empresa, tus productos o servicios, tu modelo de negocio, tu análisis de mercado, tu estrategia de marketing, tu estructura de costos y tu proyección financiera.

4

Identificar los inversores adecuados que estén interesados en tu tipo de negocio. Los inversores pueden ser individuos, grupos de inversión, aceleradoras o fondos de capital de riesgo. Investiga sobre ellos y asegúrate de acercarte al segmento que esté interesado en tu giro de negocio.

5

Presentar una propuesta financiera convincente. Explica detalladamente el potencial de crecimiento de tu negocio, así como una proyección financiera realista y detallada. También debes destacar las fortalezas de tu equipo de liderazgo y demostrar que tienes experiencia en el campo.

6

Ser transparente y honesto para ganar la confianza de los inversores. Debes presentar la información financiera precisa y actualizada, y ser honesto sobre los desafíos que enfrenta tu negocio. También debes ser claro acerca de cómo utilizarás el capital semilla y cuáles serán las expectativas de rendimiento para los inversores. Además de mostrarte cómodo con la rendición de cuentas.

7

Prepararse para las preguntas y negociaciones. Antes de presentar tu propuesta financiera, debes anticipar las preguntas y preocupaciones que los inversores podrían tener. Prepara respuestas convincentes y sólidas para esas preguntas y estar dispuesto a negociar las condiciones del acuerdo de inversión.

Recuerda que conseguir capital semilla puede ser un proceso difícil, pero con una propuesta económica sólida y convincente, un plan de negocios detallado y una estrategia de presentación efectiva, puedes aumentar tus posibilidades de éxito. Triunfar empresarialmente no es cuestión de suerte, es cuestión de visión financiera.

SERGIO
PAIZ

Ingeniero industrial, por Lehigh University. Cuento con múltiples certificaciones en management y liderazgo, por Harvard University. Soy miembro activo en YPO. Oficial de Educación de YPO. Presidente del Grupo PDC, cofundador y director en Bright Domino Corporate University. Me identifican como una persona introspectiva, enfocada, descomplicada, y me encantada contribuir con las personas para que logren sus objetivos y transformen positivamente su vida.

INCREMENTA EL
RENDIMIENTO FINANCIERO
DE TU EMPRESA, ¡YA!

...con el **interés compuesto** que es la fuerza más poderosa de la galaxia.

Las finanzas son como el marcador de goles en el fútbol que nos indican quién va ganando el juego. Además, son la principal herramienta de **gestión de la empresa.**

¿Qué es lo que debes hacer **cuanto antes?**
¡Invierte inteligentemente aplicando **el interés compuesto!**

¿Cómo funciona?

$1,000

5% ANUAL

Imagina que **inviertes $1,000** con un interés de 5% anual

Al final de ese año, **tendrás $1,050.**

$1,050

5% ANUAL

Si mantienes tu inversión, el próximo año, el 5% será **sobre los $1,050**

Significan que ganarás $52.50.

Al final de ese año tendrás **$1,102.50.**

Mientras **más tiempo mantengas la inversión** los intereses se aplican sobre lo que acumulas y la ganancia será cada vez mayor.

Al principio el crecimiento **parece mínimo.**

Pero, ¡mientras más años, la cantidad **aumentará exponencialmente!**

@pictoline

LA GRAN PREGUNTA

¿De qué forma logro mejor rendimiento financiero?
¡Inicia lo antes posible tus inversiones **aplicando interés compuesto!**

¿CÓMO INNOVAR A TRAVÉS DE EXPERIMENTOS EN LA ERA DIGITAL?

Todos tenemos un futuro digital. El mundo está cambiando de una forma acelerada y debemos adaptarnos para sobrevivir, pero más importante aún, para aprovechar las oportunidades que la transformación digital ofrece.

Poco después de que Ron Johnson dejara Apple para convertirse en director ejecutivo de J.C. Penney en 2011, dirigió a su equipo para implementar un audaz plan. Bajo su liderazgo, la compañía eliminó los cupones y los estantes de liquidación, llenó las tiendas con producto de marca y utilizó tecnología para eliminar cajeros, cajas registradoras y mostradores de pago. Sin embargo, después de solo diecisiete meses, las ventas se desplomaron, las pérdidas se dispararon y Johnson perdió su trabajo.

¿Cómo pudo Penney haberse equivocado tanto? ¿No tenía muchos datos de transacciones que revelaban los gustos y preferencias de los clientes? ¿Qué pasa con la experiencia de Johnson en la creación del exitoso concepto de tienda de Apple que redefinió la experiencia del cliente en la tienda con innovaciones como Genius Bar y pago sin cajero? Esas innovaciones llevaron a las ventas minoristas promedio más altas por pie cuadrado en todo el mundo con tiendas y más visitantes que los parques temáticos de Disney. La junta de Penney debe haber esperado que Johnson replicara el éxito minorista de Apple en la antigua cadena de grandes almacenes, con sus más de mil ubicaciones en los Estados Unidos. ¿Por qué no sucedió eso?

Por un lado, la mayoría de los gerentes operan en un mundo en el que carecen de datos o de experiencia relevante para informar sus decisiones de innovación. Es decir, puede haber datos de transacciones, pero esa información solo brinda pistas sobre el comportamiento, no sobre cómo los clientes podrían reaccionar ante cambios futuros. A menudo, también, los gerentes confían en su intuición, pero las ideas verdaderamente innovadoras van en contra de la experiencia. De hecho, la mayoría de las ideas no funcionan. Ya sea mejorando las experiencias de los clientes, probando nuevos modelos comerciales o desarrollando nuevos productos y servicios, incluso los líderes empresariales más experimentados a menudo se equivocan.

Sin embargo, no todo está perdido. La buena noticia es que los gerentes pueden descubrir si un cambio en el producto, servicio o modelo comercial tendrá éxito. Pueden hacerlo sometiéndolo a un experimento riguroso.

Piénsalo de esta manera: una compañía farmacéutica nunca introduciría un fármaco sin realizar experimentos basados en protocolos científicos (de hecho, la Administración de Drogas y Alimentos de los EE. UU. requiere ensayos clínicos extensos).

Si Penney hubiera llevado a cabo experimentos rigurosos sobre las innovaciones propuestas por su CEO, la empresa podría haber descubierto que, a pesar del éxito de estas innovaciones en Apple, los clientes de Penney probablemente las rechazarían. Tal rechazo no habría sido sorprendente, dadas las grandes probabilidades en contra de cualquier innovación. De hecho, Microsoft descubrió que solo un tercio de sus experimentos resultan efectivos, un tercio tiene resultados neutrales y un tercio tiene resultados negativos.

Google emplea una amplia experimentación en su búsqueda continua de la mejor experiencia para el cliente. Incluso sus expertos se equivocan la mayor parte del tiempo. Los expertos de Google revelaron no dan en el blanco el 96.1% de las veces. Pero es precisamente esa capacidad, probar lo que funciona y lo que no funciona a gran escala, lo que le ha dado a la empresa una ventaja frente a sus competidores. Scott Cook, cofundador de Intuit y exdirector de Amazon, recordó que los exejecutivos de Yahoo dijeron lo mismo: "'[Google] simplemente nos superó', dijeron. 'No teníamos ese motor de experimentación'".

La capacidad de una empresa para crear y refinar sus productos, experiencias de clientes, procesos y modelos de negocios (en otras palabras, para competir) se ve profundamente afectada por su capacidad para experimentar.

De hecho, ninguna innovación puede existir sin ser primero una idea que luego se forma a través de la experimentación. Hoy en día, un proyecto de innovación puede implicar cientos o miles de experimentos, todos con el mismo objetivo: aprender, a través de rondas de pruebas disciplinadas, si una idea de negocio es prometedora para abordar una necesidad o un problema del cliente.

La información derivada de cada ronda se incorpora al siguiente conjunto de experimentos hasta que se obtiene una solución aceptable. En resumen, las innovaciones requieren nutrirse, a través de la experimentación que se lleva a cabo en los laboratorios, dentro de los equipos y en toda la organización. Esto es algo que grandes empresas, además de Google, como Hubspot, Facebook, Freelancer. com, Amazon y Netflix entienden bien.

LA EXPERIMENTACIÓN EMPRESARIAL IMPORTA

La razón de ser de la experimentación es la búsqueda del conocimiento sobre causa y efecto; todos los experimentos producen información a través de la comprensión de lo que funciona y lo que no. Durante siglos, los científicos e ingenieros han confiado en los experimentos, guiados por su perspicacia e intuición, para aprender nueva información y avanzar en el conocimiento.

En el mundo de los negocios, los experimentos han llevado al descubrimiento tanto de soluciones técnicas como de nuevos mercados. Un ejemplo clásico de ambos es el descubrimiento de la nota Post-it de 3M.

La historia comienza en 1964, cuando el químico de 3M, Spencer Silver, inició una serie de experimentos para desarrollar pegamentos a base de polímeros. Como recuerda Silver: "La clave del adhesivo Post-it fue hacer el experimento. Si me hubiera sentado y lo hubiera factorizado de antemano, y lo hubiera pensado, no habría hecho el experimento. Si hubiera limitado mi pensamiento solo a lo que decía la literatura, me habría detenido. La literatura estaba llena de ejemplos que decían que no puedes hacer esto."

Aunque Silver descubrió un nuevo pegamento con propiedades únicas (un alto nivel de "pegajosidad" pero baja adherencia), 3M tardaría al menos otros cinco años en encontrar un mercado. Silver siguió tratando de vender su pegamento a otros departamentos de 3M, pero se concentraron en encontrar un pegamento más fuerte que formara una unión irrompible, no un pegamento más débil que solo sujetara una hoja de papel. Pruebas de mercado con diferentes conceptos (como un tablón de anuncios) le decían a 3M que el concepto Post-it no tenía remedio, el adhesivo simplemente no resolvía ningún problema conocido de los clientes, hasta que Silver conoció a Arthur Fry.

Él era un químico y director de coro observador. Se dio cuenta de que los miembros de su coro solían dejar caer marcadores al cambiar de canción. "Caramba, sería mejor si tuviera un poco de adhesivo en estos marcadores". Este "momento eureka" puso en marcha una serie de experimentos con el nuevo pegamento que amplió su aplicabilidad y finalmente condujo a un producto de papel que se podía pegar y quitar sin dañar la superficie original. En otras palabras, la experimentación repetida fue fundamental para encontrar la solución ahora obvia a un problema frustrante del cliente.

Estos momentos eureka no brindan una descripción completa de las diversas estrategias, herramientas, procesos e historias de experimentación que conducen a soluciones innovadoras. Después de todo, esos momentos suelen ser el resultado de muchos experimentos fallidos y aprendizajes acumulados que preparan al experimentador para aprovechar lo inesperado. El CEO de Amazon, Jeff Bezos, asegura:"El fracaso y la invención son gemelos inseparables."

Sin embargo, cuando la gerencia apunta a grandes resultados, no puede confiar solo en conjeturas afortunadas, experiencia o intuición. Los experimentos comerciales de sus empresas deben ser disciplinados, alineados organizacionalmente, respaldados por una infraestructura y aceptados culturalmente; es decir, ejecutar experimentos debería ser tan normal como ejecutar los números. Al mismo tiempo, es más probable que ocurran avances fortuitos cuando los gerentes tienen claro que comprender lo que no funciona es tan importante como aprender lo que funciona.

APRENDIENDO DEL ÉXITO Y EL FRACASO

Toda experimentación debe generar conocimiento. Ese conocimiento proviene del fracaso y del éxito. Los experimentos efectivos también guían más rondas de pruebas. Además, el conocimiento derivado del fracaso o del éxito se puede archivar y ser un recurso útil en el futuro.

Por ejemplo, IDEO, una empresa de diseño líder, mantiene una Tech Box (caja tecnológica) para almacenar experimentos de proyectos terminados y en curso. Esta caja gigante de materiales, objetos y dispositivos interesantes documentados electrónicamente se utiliza para inspirar a los innovadores en nuevos proyectos de desarrollo.

Un curador organiza y administra el contenido de la Tech Box y duplica su contenido para otras oficinas de IDEO, y ocasionalmente para otras empresas, en todo el mundo. Los diseñadores e ingenieros pueden hurgar en la caja y jugar con una variedad de interruptores, botones y materiales extraños que formaron parte de experimentos exitosos o fallidos. Tech Box sugiere que no es posible anticipar completamente qué herramientas y materiales podrían ser necesarios en un proyecto de innovación, especialmente uno que suponga una gran novedad.

Edison también aprendió esta lección al principio de su carrera y trató de tener a mano todo lo que pudiera necesitar en su laboratorio de West Orange. Al señalar que "la parte más importante de un laboratorio experimental es un gran montón de chatarra", creó una

colección de aparatos, equipos y materiales sobrantes de experimentos anteriores. Cuanto más grande era el montón de chatarra, más amplio era el espacio para que Edison y sus experimentadores buscaran, y más probable era que en algún lugar de ese montón, encontraran la solución a su próximo problema.

De manera similar, la compañía en línea Booking.com, uno de los agregadores de viajes líderes en el mundo, con más de 1.5 millones de noches de habitación reservadas en su plataforma cada día, guarda todos los experimentos (éxitos y fallas) en su plataforma de TI y permite que cualquier persona de la empresa pueda buscarlos.

La razón por la que los experimentos fracasan inevitablemente tiene que ver con la naturaleza incierta de la innovación misma. Cuando los equipos emprenden el desarrollo de nuevos productos, servicios o modelos comerciales, rara vez saben de antemano si una idea funcionará según lo previsto. Eso significa que deben encontrar formas de descartar rápidamente las ideas disfuncionales mientras retienen otras que se muestran prometedoras.

Al mismo tiempo, las propias ideas disfuncionales pueden generar conocimiento y deben, como tales, ser capturadas. Edison lo entendió muy bien cuando señaló: "¿Resultados? ¡Hombre, he obtenido muchos resultados! Conozco varios miles que no funcionarán".

¿Te animas a experimentar en tu segmento de negocio? ¡Debes hacerlo! Es la única manera de innovar.

Toma en cuenta estas recomendaciones.

1. **Define un objetivo claro.** Antes de comenzar cualquier experimento, es importante que tengas un objetivo claro en mente. Define lo que quieres lograr y asegúrate de que sea medible.

2. **Selecciona una hipótesis.** Luego de definir tu objetivo, selecciona una hipótesis que puedas probar; debe ser específica y tener un impacto en el objetivo que quieres lograr.

3. **Diseña un experimento que te permita probar la hipótesis.** Asegúrate de que el experimento sea controlado y que puedas medir los resultados con precisión.

4 **Prueba y mide los resultados cuidadosamente.** Asegúrate de registrar todos los datos relevantes para que puedas analizarlos.

5 **Analiza los resultados con detenimiento.** Compara los resultados con tu hipótesis original y determina si ha sido confirmada o refutada.

6 **Aprende de los resultados.** Si la hipótesis ha sido confirmada, identifica las lecciones aprendidas y cómo puedes aplicarlas para mejorar tu negocio. Si ha sido refutada, determina por qué y utiliza esa información para ajustar tu enfoque y probar otra hipótesis.

7 **Repite el proceso.** Al aprender de los resultados, repite el proceso y prueba otra hipótesis. De esta manera, continuarás innovando y mejorando tu negocio.

Recuerda que la experimentación no es un proceso único, sino que es un enfoque constante para la innovación. A medida que aprendes y creces, siempre puedes ajustar tu enfoque y seguir probando nuevas ideas.

JUAN JOSÉ
DE DIOS

Ingeniero Industrial, por Universidad Rafael Landívar y Máster in Business Administration, por INCAE. Director Comercial en TIGO Business; cofundador y director en Bright Domino Corporate University. Me caracterizo por ser un apasionado del aprendizaje, la enseñanza y por contagiar buen humor, enfocado en las personas y las soluciones prácticas.

CHAIN
REACTION

Cómo reaccionar y aprovechar
LA ACELERACIÓN

//BRIGHT DOMINO
CORPORATE UNIVERSITY

"

Disney | AMERICAN EXPRESS | Cadbury | NIKE

han logrado lo que nosotros debemos lograr **en el ambiente digital:**

100% accesibilidad, valor agregado a través de su contenido, personalización, conexión y cercanía.

QUE TU ESTRATEGIA DIGITAL
VENDA SIN VENDER.
¡¿Cómo hago eso?!

Logra que tu cliente **sea el centro de tu conversación** a través de todos tus canales de comunicación. No le hables de tu producto y lo genial que es, demuéstrale que conoces y comprendes su situación, **y que deseas ayudarlo.** Nutre a tu segmento. Siembra soluciones para cosechar fidelización.

Estar 200% conectados y accesibles. Que nuestros clientes nos encuentren en el universo digital, que puedan tener acceso a nosotros en cualquier lugar y en cualquier momento. Implementemos una estrategia de omnicanalidad bien articulada que aproveche todas las opciones de automatización para atenderlos.

Compartir contenido interesante que agregue valor, información útil que solucione sus desafíos, que le abra ventanas de posibilidad.

Brindar personalización. Adaptarnos al cliente para que su experiencia sea única y próxima. Piensa en variedad de opciones para que tu cliente vea que te interesa complacer sus solicitudes.

Crear conexión y cercanía, ser parte de sus conversaciones y de su vida diaria. Nunca como ahora tenemos la posibilidad de conocer y relacionarnos con nuestros clientes, ser sus amigos cercanos y crear comunidad.

4
ESTRATEGIAS GANADORAS

La gran pregunta

¿DE QUÉ FORMA LA DIGITALIZACIÓN
ME AYUDA PARA ACELERAR
LOS RESULTADO DE MI EMPRESA?

La palabra clave es **CERCANÍA.**

A través de la virtualidad puedes escuchar, conocer y atender a tus clientes como nunca antes.

¡APROVECHA TODAS LAS HERRAMIENTAS
QUE TIENES A TU ALCANCE!

SALIR DE
LA CAVERNA ES PELIGROSO

Ahí estaba ese niño de diez años sentado junto a su abuelo. David se llamaba el niño que absorto escuchaba la historia de un grupo de personas que había pasado su vida en una caverna oscura y húmeda. Ellos no conocían otra realidad más que esa, pero uno del grupo se atrevió a explorar un poco y descubrió la salida, se maravilló con la luz, con el calor del sol, la brisa y la libertad. ¿Qué hizo? Decidió regresar para darle a los demás la noticia que seguro los emocionaría. ¡Cuál no sería su sorpresa al ver que sus compañeros se negaron a creerle! Es más, le aconsejaron no salir, le dijeron que se quedara en ese espacio seguro y conocido, donde nada malo le sucedería.

"¿Ves, hijo lo terrible que es dejarnos dominar por el temor al cambio, al descubrimiento y el aprendizaje que nos brinda la libertad de ir más allá?", le decía el abuelo a su nieto que asentía con su cabeza y pensaba: "Yo no permitiré que el miedo me impida salir de la cueva. Si los demás quieren quedarse ahí, saldré a traer fuego para mostrarles la salida".

Ese niño no sabía que sería una tarea tan difícil lograr su sueño de atreverse a explorar y aprender para ayudar a las personas a descubrir su luz interior y despertar para que aprovecharan sus talentos. Pero no se dio por vencido. El mito platónico de la caverna le caló hasta los huesos y se convirtió en su propósito de vida.

Creció y disfrutó de cada nuevo aprendizaje que podía compartir. Se metió de cabeza en el mundo del desarrollo personal y empresarial. Se graduó de los más prestigiosos programas y en ese proceso descubrió un dolor al que nadie le había encotrado alivio: la academia estaba asfixiando al liceo. Hacía falta un espacio de mentoría donde la practicidad fuera primordial, donde se integraran los fundamentos teóricos con las herramientas y estrategias de aplicación inmediata. Así buscó a otros amigos tan inquietos como él y juntos fundaron una universidad corporativa alejada de lo convencional que cambiaría el paradigma de la educación corporativa.

Como David hay muchas personas inconformes a quienes les apasiona explorar los límites del status quo para descubrir que siempre hay algo más allá. Esas personas son las que se atreven a salir de la caverna, las que marcan el inicio de nuevas eras y abren brecha. ¿Es fácil? ¡Por supuesto que no! Al contrario, incluso es peligroso porque esa actitud pionera es admirada y odiada al mismo tiempo.

A todos nos atraen las personas que irradian luz propia. Admiramos al profesional, al emprendedor que nos muestra sus éxitos con una sonrisa encantadora, pero se nos olvida que tal vez años antes esa misma persona no lucía tan radiante, sumida en el proceso de experimentar, de fracasar y volver a intentarlo.

¿A cuántas personas conoces que ahora están en esa tortuosa travesía de idear una solución para ofrecerla al mundo? Literalmente ellos son ese esclavo que descubrió la salida y está intentando mostrarte la ruta hacia una nueva realidad. ¿Qué tal si despertamos a nuestro poder para cambiar la realidad? ¿Qué tal si abrimos nuestra mente y corazón para desarraigarnos de la obsolescencia programada? ¿Qué tal si abrazamos el rasgo más noble de nuestra naturaleza humana: la capacidad de explorar nuestros límites y emprender en busca de un mejor futuro para todos?

JULIO
ZELAYA

Experto global en diseño de universidades corporativas y diseño instruccional, transformación y gestión del cambio, con amplia experiencia como asesor y coach certificado en temas relacionales y empresariales. Entrenado por Dave Ulrich en temas relacionados a recursos humanos. Co-Fundador de Escolaris, colegio 100% online con aval del Ministerio de Educación de Guatemala y Bright Domino, universidad corporativa internacional. Asesor de juntas directivas alrededor del mundo con clientes globales como FEMSA, Walmart, Pepsico, Abbott, SAB Miller, Kimberly Clark, entre otras. Autor de múltiples Best Sellers #1 en Amazon: La Travesía: El Poder de Emprender, Catalyst: Gestión del cambio y transformación, La travesía del amor y La travesía del emprendimiento. Orgulloso padre de Juan Ignacio y Natalia.

Formación académica
* Post Doctorado, Management y Marketing, Tulane University, USA
* Doctorado, Dinámica Humana y Salud Mental, UMG, Guatemala
* MBA, INCAE, Costa Rica
* CALI Fellow, The Aspen Institute
* Certificaciones en negocios de Babson College, Harvard, MIT, Cornell.

Satisfactorio, pero con cierta sensación de inutilidad.

Lo que amas

Goce y realización pero sin riqueza

Pasión

Misión

Lo que haces bien

IKIGAI

Lo que necesita el mundo

Profesión

Vocación

Cómodo, pero con la sensación de vacío.

Lo que alguien puede pagar

Emocionante y satisfactorio, pero incierto.

Tu **IKIGAI** es la razón
por la que te levantas por
la mañana y la razón por
la que te sientes feliz y realizado.

¡DESCÚBRELO PARA INICIAR TU
ÚNICA Y MARAVILLOSA REACCIÓN EN CADENA!

¿Qué te apasiona?
¿Cuáles son las cosas que te hacen sentir feliz y emocionado?

¿En qué eres bueno?
¿Hay algo que se te da muy bien hacer?

¿Qué necesita el mundo?
¿Hay algo que puedas hacer para ayudar a las personas o
hacer el mundo un lugar mejor?

¿Qué te pagaría la gente?
¿Hay algo que la gente estaría dispuesta a pagar para que hagas?

¿Qué te gustaría hacer todos los días?
¿Hay alguna actividad que disfrutes tanto que no te importaría
hacerla todos los días?

DESPERTEMOS JUNTOS
EL PODER
DE LAS PERSONAS Y
DE LAS ORGANIZACIONES

BRIGHT DOMINO
CORPORATE UNIVERSITY

Somos una Universidad Corporativa que ayuda a las empresas a despertar y consolidar el potencial de sus líderes, a través de la capacitación corporativa de alto impacto.

DESPERTAMOS
EL PODER
DE LAS PERSONAS

Cambiamos la forma de resolver problemas. Pasamos del pensamiento lineal a **EXPONENCIAL**.

Compartimos contenido y herramientas prácticas, cuidamos impecablemente los detalles y somos eternos estudiantes - actualizados.

Nuestro impacto

+50
empresas
multinacionales

Presencia en Norteamérica, Centroamérica, el Caribe y Sudamérica

+150,000
estudiantes

CHAIN REACTION

EL ADN
DE NUESTRA TRIBU

INNOVADORES

EXCELENCIA

AGILIDAD

BRIGHT DOMINO
CORPORATE UNIVERSITY

COMPORTAMIENTO
DE DUEÑOS

CALIDAD
HUMANA

RESOLVEMOS

BRIGHT DOMINO
EXPERIENCE

ACADEMY

Master
of Business
Management

BOOSTER
SHOTS

Workshops
Keynotes

CONSULTING

A la medida
Estrategia
Gestión de cambio
Universidad
corporativa

DIGITAL

Soluciones de
aprendizaje online
para tus desafíos
empresariales. Cursos,
micromásters, audiolibros,
herramientas digitales
disponibles 24/7 para que
aproveches a tu ritmo.

PREPARA A TU **EQUIPO PARA TRIUNFAR**

APRENDE + LIDERA + IMPACTA + TRASCIENDE

www.ingramcontent.com/pod-product-compliance
Lightning Source LLC
Chambersburg PA
CBHW070756220526
45467CB00014B/630